交通领域低空经济发展研究丛书

中国交通"路空一体"蓝皮书
（2024）

Blue Book of Road–Air Integrated Transport in China

主　编　卞雪航　郑　华　王玉军
副主编　薛傅龙　饶玉柱　何　泉
　　　　眭　凌　费文鹏　李贤统

人民交通出版社
北京

图书在版编目(CIP)数据

中国交通"路空一体"蓝皮书. 2024 / 卞雪航等主编. — 北京：人民交通出版社股份有限公司, 2024.6.
ISBN 978-7-114-19586-0

Ⅰ．F512.3

中国国家版本馆 CIP 数据核字第 2024YX2226 号

Zhongguo Jiaotong "Lu-Kong Yiti" Lanpishu（2024）

书　名：	中国交通"路空一体"蓝皮书（2024）
著 作 者：	卞雪航　郑　华　王玉军
责任编辑：	牛家鸣　黎小东
责任校对：	赵媛媛
责任印制：	刘高彤
出版发行：	人民交通出版社
地　　址：	（100011）北京市朝阳区安定门外外馆斜街 3 号
网　　址：	http://www.ccpcl.com.cn
销售电话：	（010）59757973
总 经 销：	人民交通出版社发行部
经　　销：	各地新华书店
印　　刷：	北京印匠彩色印刷有限公司
开　　本：	710×1000　1/16
印　　张：	14.25
字　　数：	195 千
版　　次：	2024 年 6 月　第 1 版
印　　次：	2024 年 6 月　第 1 次印刷
书　　号：	ISBN 978-7-114-19586-0
定　　价：	120.00 元

（有印刷、装订质量问题的图书，由本社负责调换）

《中国交通"路空一体"蓝皮书(2024)》

顾　　问

翁孟勇　胡亚东　李　健　于川信　钟　华　林左鸣

李　刚　姜锐刚　杨元喜(中国科学院院士)

陈志杰(中国工程院院士)　樊邦奎(中国工程院院士)

苏东林(中国工程院院士)　杨长风(中国工程院院士)

李克强(中国工程院院士)　张扬军(俄罗斯工程院外籍院士)

曲小波(欧洲科学院院士)　李　郁　李作敏　方　海

章中全　周　彬　王永强

(排名不分先后)

参 编 人 员

阿努赫	王楠楠	龙雨璇	李继刚	胡海东	周震博	符志强
马　静	霍海峰	欧阳斌	褚春超	孙博伟	伍朝辉	淡　鹏
杨　明	丛卫兵	许　秀	王　伟	刘　涛	沈　洋	郭兰兰
刘志伟	周孟飞	张华荣	杜冰清	江　捷	张　聪	沈　洋
陈新峰	郑志刚	王　亮	尹春冷	张海燕	陈　昀	周　翔
朱梦雯	张利国	刘晓平	李　晨	罗　帆	贺云翔	李　翔
周清河	许　俊	徐　军	陈子红	王晓波	高远洋	王怡帆
刘　洋	王　凯	郁　强	王兆建	魏　维	王　军	张　翔
周　剑	赵旭东	郑春雷	杨玉琴	朱　谞	郝　爽	宋冠弘
程荣梅	朱胜利	余恩源	张　宏	仇明全	薛志刚	孙永生
孙　勇	金　伟	赵　越	郑凌敏	孟微微	张　熠	罗　斌

(排名不分先后)

主 编 单 位

中国交通运输协会

交通运输部科学研究院

中国民航科学技术研究院

中国民航机场建设集团有限公司

交科院科技集团有限公司

嘉兴南湖路空协同立体交通产业研究院

特 别 鸣 谢

嘉兴市人民政府

嘉兴市南湖区人民政府

PREFACE 前言

当前，低空经济已被纳入新质生产力范畴并在2024年全国两会首次被写入中央政府工作报告。作为新兴产业，低空经济受益于政策和技术的双重推动，已展现出巨大的发展潜力和市场前景。交通运输是国民经济中基础性、先导性、战略性产业和重要的服务性行业，加快建设现代综合立体交通体系，是促进国内国际双循环、构建新发展格局的重要基础和支撑。路空协同立体智慧交通系统(以下简称"路空一体")作为推进低空经济发展的重要措施之一，其通过优化空中与地面交通的融合，拓宽低空经济的应用场景，使得未来的交通变得更加立体化，交通图谱也将因此变得丰富多彩。

"路空一体"依托国家现有交通基础设施网络布局，有效利用低空资源，主要运用无人机、无人车、飞行汽车等自动载具和新一代数字通信技术，可以有效服务物流配送、通勤、医疗救助、应急救灾、旅游观光等活动。为积极推进新时代中国综合立体交通发展，特别是以"路空一体"研究和应用提升国家综合立体交通区域运行效率，充分利用我国空域、公路水路铁路等路域资源，构筑立体互联、一体化协同的综合立体智慧交通系统，分享中国交通"路空一体"领域的理念和创新性实践，增进交流与合作，特编写本书。

本书从基础设施、载具平台、场景模式和试验测试等维度,结合政策、标准、法规、技术等要素研究,首次构建了完整的"基础科研+产业落地"的"路空一体"综合立体智慧交通体系框架;以"路空一体"关键技术为核心,创建空中物流、医疗救助、消防应急、旅游观光、公共服务、便捷航空出行等典型真实应用场景,跨界推动"交-邮-救-医""文-交-农-旅"和"执-巡-验-防"深度融合,为构筑技术产业新生态提供了全面的技术引领支撑。

　　本书开创性地对"路空一体"开展顶层设计,基于"理论-技术-测试验证-实践应用"的体系化布局,提出了"路空一体"理论体系和发展范式,可为区域性立体智慧交通发展以及国家综合立体交通网建设提供决策参考。

作　者
2024 年 6 月

CONTENT 目录

第一章 概述 ·· 1
一、"路空一体"基本概念 ·································· 1
二、"路空一体"发展历程 ·································· 12
三、"路空一体"体系建设 ·································· 23
四、"路空一体"发展面临的机遇与挑战 ·················· 30

第二章 "路空一体"政策法规建设 ·················· 40
一、法律法规助力：打造"路空一体"新未来 ············ 40
二、政策扶持助推："路空一体"迈向新高度 ············ 48
三、标准规范引领："路空一体"体系化发展 ············ 63

第三章 "路空一体"关键技术分析 ·················· 73
一、"路空一体"关键技术架构 ···························· 73
二、"路空一体"基础设施关键技术 ······················ 75
三、"路空一体"通用装备与设备技术 ·················· 86
四、"路空一体"配套与安全保障技术 ·················· 101

第四章 "路空一体"应用场景 ······················· 106
一、低空经济 + 旅游 ·· 106
二、低空经济 + 物流 ·· 107
三、低空经济 + 城市管理 ·································· 112

四、低空经济+城市交通 ……………………………………… 120

第五章 "路空一体"发展实践 ……………………………… 126
一、国内"路空一体"发展实践 ……………………………… 126
二、国外低空经济相关领域政策法规与典型案例 …………… 140

第六章 "路空一体"发展展望 ……………………………… 147
一、"路空一体"未来发展愿景 ……………………………… 147
二、"路空一体"技术发展方向 ……………………………… 149
三、"路空一体"未来产业发展潜力 ………………………… 156

附录 ………………………………………………………… 165
附录1　2022—2024年大事记 ……………………………… 165
附录2　2022—2024年发布的政策文件清单 ……………… 177
附录3　"路空一体"标准规范清单 ………………………… 196
附录4　中英文术语对照表 ………………………………… 216

第一章 概 述

一、"路空一体"基本概念

随着交通运输信息化、数字化发展水平的不断提升,智慧交通已经成为"数实融合"的典型落地场景,数字化将使交通更智能,并为人们构筑起一个安全、便捷、高效、绿色、经济的现代综合交通体系。"路空一体"作为国家综合立体交通体系的微循环系统,也是智慧交通的重要内容,其未来应用令人期待。

(一)"路空一体"的概念与意义

"路空一体"(Road-Air Integrated Transport,R-AIT)广义上是指依托国家现有交通基础设施网络布局,有效利用低空、路网、航道网等资源,运用无人机、无人车、无人船、飞行汽车等自动化、新能源载具,以及数字通信、人工智能、大数据等新一代信息技术,有效服务物流配送、通勤、医疗救助、应急救灾、旅游观光等活动的区域性立体智慧现代化交通。随着新技术、新理念、新势态的发展,"路空一体"的内涵和外延在未来还会有新的发展。

当前,低空经济已被纳入新质生产力范畴并在2024年全国两会首次被写入中央政府工作报告。作为新兴产业,低空经济受益于政策和技术的双重推动,展现出巨大的发展潜力和市场前景。《无人驾驶航空器飞行管理暂行条例》的实施为该产业提供了明确的法律框架,促进了产业健康有序发展。而"路空一体"作为推进低空经济发展的重要措施之一，其通过优化空中与地面交通的融合，拓宽低空经济的应用场景，使得未来的交通变得更加立体化，交通图谱也将因此变得丰富多彩。此外，各地政策引导和基础设施规划的创新，例如通过开放测试空域，建立产业园区，鼓励企业发展通航产业，以及利用低空经济带动区域经济发展等方式，吸引和支持更多企业加入低空经济领域，加速了产业链的形成和发展。随着技术进步和政策环境的优化，在交通领域，"路空一体"将为社会经济发展带来革命性影响，成为推动未来我国新型交通运输方式进步的重要力量。

(二)"路空一体"的内涵

"路空一体"作为智慧交通发展的重要领域，是交通运输从路空载具、路网资源、区域性向全局性的推进整合，它不仅包含了交通在横向二维平面上的多种延伸和服务，还包括了纵向维度上对低空领域交通资源的利用。因此，"路空一体"也是现代化综合立体交通的新领域，填补了低空领域的应用空白，从多维度推进了综合交通的协同方式。"路空一体"是在综合立体交通和低空空域开放格局下，扩展运行服务主体，面向民用航空、低空通航、公路、铁路和海河联运等多运行主体及技术场景，提供一站式"无感化"交通服务、"柔性化"行业技术服务、"标准化"网联数据服务、"平台化"商业交易服务、"体系化"路空支援服务，并探索多种运输方式融合运行区域的交通管理"平台化"服务模式。

"路空一体"具有多项主要特征，包括集成化、立体化、无人化、自动化、数字化、智能化等。集成化和立体化体现在系统总体布局上，实现了不同运输方式的无缝衔接，增强了交通系统的适应性和多样性。无人化和自动化指各种自动载具通过协同智能管理平台实现自主协同与自动控制。数字化和智能化则通过现代数字通信技术实现低空领域与低空经济的智慧化。为此，需要对低空经济、路网经济、数字经济、新质生产力、交通运输领域的"四网融合"发展等概念和主要涵盖的范围进行深入分析,从而更加明晰并精准定位"路空一体"的内涵。

1. 低空经济是未来新经济的增长点

2023年12月11日,中央经济工作会议明确将低空经济作为我国战略性新兴产业之一,提出要打造和大力发展低空经济,并提出开辟产业新赛道(图1-1)。低空空域通常指距地面1000米以内的空间,根据地区需求可延伸至3000米以内。低空经济是以低空空域为依托,以低空飞行活动为牵引,辐射带动相关领域融合发展的综合性经济形态。低空经济涵盖产业领域广、产业链条长、带动作用大,对于一体化国家战略体系与能力建设具有重要作用。

图1-1 中央经济工作会议明确将低空经济作为我国战略性新兴产业之一

低空空域不仅是承载低空飞行的物理空间,还具有广阔的产业和应用前景,有望创造超过万亿元的产业规模。我国低空空域长期以来开放度不高、利用率不足,这制约了包括通航产业在内的低空产业发展。与高空飞行相比,低空飞行的管理和商业运营仍处于起步阶段,存在管理缺失、技术手段不足以及基础设施不足等问题。因此,我们需要快速将低空空域从自然资源转化为经济资源,实现从"可通达"到"可计算"再到"可运营"的发展。通过技术研发、产业链建设和政策推动,低空经济领域可能催生超过万亿元的产业集群,包括低空制造、低空飞行、低空保障和综合服务等领域。低空经济将推动农业、制造、矿业、电力、建筑、公路、物流和体育等领域的融合发展,以低空空域为基础,并以有人和无人驾驶飞行器的低空飞行为推动力,在政府引导下促进各领域与航空(飞行)的融合发展,如图1-2所示。

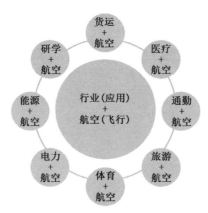

图1-2 低空经济典型表征

低空经济的发展历程主要分如下三个阶段:

第一个阶段(低空经济1.0阶段)从1950年开始一直到2000年,它是以工业化为本质,将通用航空器创新性地应用于工业作业、交通运输等领域,在规模化基础上形成通用航空研发、制造等的产业链、价值链并持续创造价值,最为典型的代表是美国。而我国2010年以来的通用航空发展即属于低空经济1.0的实践。

第二个阶段(低空经济2.0)是以信息化为本质,通过工业化与信息化融合创造出物美价廉的无人驾驶航空器,对传统通用航空应用进行大范围替代,并进一步拓展了应用的广度和深度,从而创造出更大的价值。我国"十三五"以来的无人驾驶航空发展即属于低空经济2.0的实践。

第三个阶段(低空经济3.0)以当前的无人驾驶航空器(Unmanned Aerial Vehicle,UAV)探索和电动垂直起降飞行器(electric Vertical Take-off and Landing,eVTOL)实践作为开端,本质上是航空业的绿色、智慧、物联变革,是新一轮数字化、电气化革命在航空业的体现,将人类的生产生活从地面二维空间拓展到立体三维空间。我国移动互联网、新能源汽车等快速发展的经验表明,我国很有可能在这一过程中引领全球,其蕴含的经济规模也将达到万亿级,但这需要一个长期的过程,全面实现或将需要数十年时间。

低空经济发展历程及其特征如图1-3所示。

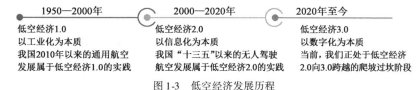

图1-3 低空经济发展历程

低空经济具有立体性、区域性、协同性和创新性等四个性质,详见表1-1。

低空经济的性质　　　　　　　　　　　　　　表1-1

序号	性质	表现
1	立体性	低空经济3.0已经将生产生活拓展到了低空领域
2	区域性	低空经济是小范围、小规模的,并且呈现地域性和灵活性的特点
3	协同性	需要多部门多领域的协同工作
4	创新性	是一个潜在的战略性产业,需要去填空白、补短板

低空经济最大的优势在于它是立体的,核心是这些无人飞行器能够跟各种产业形态进行融合,从而打造"低空+应用""低空+服务"产业链。因此,低空经济就更需要强有力的支撑体系才能取得更大的发展。根据著名经济学家、国家发展改革委原副秘书长、国家低空经济融合创新研究中心专家指导委员会主任范恒山的研究,他认为低空经济最重要的五大要素是市场、空域、政策、技术、安全。其中,技术与安全要素,既体现在适用产品上,又体现在管理与服务中。有了这些关键要素作为支撑,低空经济就能够将行业与应用主体进行融合,从而形成相关产业,在应用低空航空后产生的经济增值的总和就是低空经济的价值。低空经济各阶段的特质及其创造的价值及技术应用如表1-2所示。

低空经济各阶段特质　　　　　　表1-2

阶段	低空经济1.0	低空经济2.0	低空经济3.0
本质特征	工业化	信息化	数字化
技术背景	空气动力学,材料技术,电子技术,精密加工等	控制论,计算机,自动控制、通信、导航、电动技术等	信息科学,"大、智、物、移、云"等及电气工程
产品主体	有人驾驶通用航空器	无人驾驶航空器	eVTOL新型航空器
价值创造	多样化通用航空服务带动产业链价值链	传统通用航空器替代与拓展	三维立体空间生产生活的整体解决方案
典型代表	美国	美国、中国	中国
中国规模	百万飞行小时、百亿经济规模	千万飞行小时、千亿经济规模	亿级飞行小时、万亿经济规模

"路空一体"作为低空经济发展战略中的关键组成部分,有效促进了地面交通与空中飞行服务规划和空域管理的优化协同,加速了低空经济产业链的形成和成熟,为社会经济发展带来新的增长点和创新动能。简而言之,"路空一体"是连接低空经济各个发展环节的桥梁,通过优化空中与地面交通的协同,为低空经济的腾飞提供支持和保障。

2. 路网经济是传统经济转型的关键点

路网经济是依托公路(高速公路)、铁路(高速铁路)、水路、航路等沿路、延路派生和演变产生的经济,是一种开放性更高、外延性更强、更有活力的转型经济。路网经济是涵盖公路、铁路、航空等交通运输方式,融合物联网、云计算、大数据、人工智能等前沿技术,以提升运输效率、降低运输成本、提高交通安全等为目标而全面构建的新型产业体系。该产业体系包含了交通信息采集与处理、交通控制与调度、交通服务与应用等多个领域,以"路空一体"产业跨界引领传统产业革新,形成以前沿科技为核心的新研发、以市场应用为核心的新场景、以区域特色化发展为根本的新生态,使传统工业经济与新经济从过去的相互隔离、互不匹配走向融合与创新的协同。传统经济区域与"路空一体"战略经济开发区域之间形成的彼此联动,能够推动区域实现新旧动能转换和引领高质量发展,构建符合新经济发展要求的"四新经济"①现代产业体系、经济发展动能体系和路空生态圈。

3. 数字经济是经济增长的新引擎

数字经济是指在信息和通信技术的基础上,通过数字化、网络化、智能化等技术手段,推动经济社会运行和发展的一种经济形态。数字经济在智慧交通领域的发展规模巨大,包括了智能交通管理系统、智能交通信号灯、交通数据分析、无人机和无人车、智能交通信息平台等多个领域。当前,智慧交通的数字化和信息化应用正在全球范围内快速扩展,投资额巨大。实行"路空一体"数字化经济,能够在产业与场景落地当中通过数据采集、分析和应用等方式,实现交通系统的优化,减少交通拥堵、提高安全性、降低碳排放。无人运输与投送技术、自动驾驶技术、智能交通信号灯和车辆互联技术等新兴技术有望彻底改变交通方式和出行体验,进一步提升数字经济在智慧交通中的潜力。

数字经济在智慧交通领域的发展具有巨大的潜能和重要的战略意义。它有助于提升交通系统的效率、安全性和可持续性,同时也为新经济产业的崛起提供新机遇,有助于推动城市和国家可持续发展。数字经济在"路空一体"综合立体交通中的重要意义体现在多个方面,详见表1-3。

数字经济的重要意义　　　　表1-3

序号	意义	表现
1	交通效率提升	通过智慧交通系统的数字化和自动化,可以更有效地管理交通流量,减少拥堵,提高道路利用率,加速货物和人员运输
2	交通安全性提高	数字技术可以监测和预测交通事故,降低事故发生率,提高道路安全性

---

① 指"新技术、新产业、新业态、新模式"的经济形态。

续上表

序号	意义	表现
3	碳排放减少	智慧交通系统可以优化路线,减少车辆空驶,降低碳排放,有助于应对气候变化
4	促进经济增长	数字经济在智慧交通中的发展有望创造就业机会,促进相关产业的增长,增加国内生产总值
5	提升出行体验	通过智能导航、智能交通信号灯和无人驾驶等技术,可以提高出行的便捷性和舒适性,改善市民的生活质量

4. 新质生产力是高质量发展的内在需求和重要着力点

新质生产力是指创新起主导作用,摆脱传统经济增长方式、生产力发展路径,具有高科技、高效能、高质量特征,符合新发展理念的先进生产力质态。它由技术革命性突破、生产要素创新性配置、产业深度转型升级而催生,以劳动者、劳动资料、劳动对象及其优化组合的跃升为基本内涵,以全要素生产率大幅提升为核心标志,特点是创新,关键在质优,本质是先进生产力。

"路空一体"是新质生产力发展的重要领域,主要体现在三个方面:

一是契合新质生产力以科技创新为引领的理念。"路空一体"依托的无人机、无人车、无人船、飞行汽车等新型载运工具代表着世界交通科技前沿,创造了一系列新型生产工具,是引领未来交通发展的新引擎。

二是契合"新质生产力本身就是绿色生产力"的要求。"路空一体"作为低空经济的重要延伸,倡导低空资源、路网资源、航道网资源的融合应用,强调资源的集约节约利用,促进交通运输绿色转型发展,打造立体互联的现代化交通系统。

三是契合新质生产力发展的重点领域。"路空一体"的产业前景广阔,具备打造经济增长新引擎的巨大空间。"路空一体"的产业链既包括先进装备制造产业,如无人机、无人车、无人船、飞行汽车的设计制造和生产，也包括自动化服务产业，如低空飞行、自动驾驶出行、智能航行等细化产业门类和服务链条，还包括长尾的保障产业，如低空空域管控、传统基础设施融合升级、自动化运行信息系统等，是引领交通高质量发展的战略性新兴产业。

5. 交通领域的"四网融合"发展是新经济发展的重要基础保障

中共中央、国务院印发《国家综合立体交通网规划纲要》（以下简称《规划纲要》），明确提出推进综合交通统筹融合发展的要求。统筹融合，就是要坚持系统观念，整体性推进、一体化发展，从跨方式、跨领域、跨区域、跨产业四个维度，推进铁路、公路、水运、民航、邮政等融合发展，推进交通基础设施网与运输服务网、信息网、能源网融合发展，推进区域交通运输协调发展，推进交通与相关产业融合发展。这是构建国家综合立体交通网的本质要求，也体现了综合交通规划的思想精髓。"路空一体"作为新质生产力的典型代表之一，与交通领域的"四网融合"相结合是新领域的融合与创新，也是我国经济发展的重要基础保障。

"四网融合"与"路空一体"的结合代表了未来城市出行智能、高效和可持续的发展趋势。"四网融合"将基础设施、信息、能源和运输服务网络相互整合，创造了更协同、高效的城市运行环境。信息融合通信技术，如5G和人工智能，赋予了"路空一体"交通智能决策和自动化驾驶的能力，同时也确保了实时数据传输和通信的顺畅。能源供应则通过特高压电力网络，为无人机库和电动汽车充电站提供稳定能源，推动了交通电气化的进程。此外，运输服务网的拓展使人们能够在一个平台上规划和预订地面和空中交通服务，提高了出行的便捷性。从数据共享和决策支持方面来看，这种整合有望改善交通管理和资源利用，减少城市交通拥堵和环境污染。"四网融合"在"路空一体"中体现了城市出行未来的方向，将为我们带来更优质的出行体验和更可持续的城市交通解决方案。

(三)"路空一体"的外延

1."路空一体"是现代综合立体交通网络新的子系统

"路空一体"是综合立体交通的区域性子系统,它通过对平面和纵向交通资源的集成化、立体化实现全套系统的布局与公路运输、铁路运输、民航运输等传统运输方式的无缝衔接,使路域、水域、空域各交通子系统协同运行,实现多模式交通的紧密协作,提供更高效、智能和可持续的交通解决方案。它以多种关键特征和组成部分为基础,为未来城市和地区的交通需求提供全面的解决方案,包括多模式互联、智能交通管理、自动驾驶技术、高效物流系统、绿色交通、安全和隐私等方面。

2."路空一体"是智慧交通发展的新领域和新兴概念

"路空一体"作为智慧交通发展新领域和新兴概念,具有重要意义,将为交通系统、城市规划和环境可持续性带来积极影响。它提高了交通效率、安全性和可持续性,同时创造了新的机会,推动了创新和发展,提高了城市的竞争力。因此,"路空一体"在智慧交通发展中扮演了重要的角色。

一是提高城市交通的整体效率。它通过将陆路和空中交通紧密融合,实现交通方式的高度协同,从而提高了出行方式的速度和效率,有望减少通勤时间和交通拥堵。

二是"路空一体"强调环保和可持续性。推动电动汽车、清洁能源和绿色交通政策的应用,有助于降低碳排放,改善空气质量,减轻城市的环境负担,推进城市可持续发展。

三是在交通安全方面具有潜在优势。自动驾驶技术的应用可以降低人为驾驶错误,提高交通安全性,保障道路安全。

四是带来新的创新和就业机会。从自动驾驶技术到智能交通管理系统的开发,以及物流和配送服务的优化,都将刺激新兴产业的增长,创造就业机会。

五是提高城市、地区甚至国家的国际竞争力。具备先进交通基础设施和高效物流系统的地区更具有吸引力,有助于吸引投资和促进国际贸易。

3. "路空一体"推动传统技术产业模式转型升级

"路空一体"概念不仅为交通领域带来了革命性的变化,还对传统技术产业模式的升级和转型产生深远影响。这一概念推动了制造业升级,要求汽车制造商开发自动驾驶汽车和电动汽车,并要求无人机制造商针对不同应用场景去满足不同领域的需求。同时,智能物流系统提高了物流和供应链的效率,推动了传统物流业务向数字化和智能化方向发展。此外,智能交通基础设施的部署要求基础设施公司采用更多数字化和智能化解决方案,从维护运营模式转向预测型和智能化运营。这一变革还推动了新材料和能源技术的创新,满足电动汽车和无人机等新兴产业的需求,同时激发了数据科学和大数据分析领域的增长。总之,"路空一体"不仅改变了交通方式,还在多个领域推动了传统技术产业模式的升级和转型,为产业的竞争力提升和可持续发展创造机会。

4. "路空一体"塑造了数字经济与实体经济融合发展的新生态

"路空一体"将数字技术与交通系统的实体基础相结合,为未来经济提供了独特的机遇。这一新生态通过数字技术、新业务模式、物流和供应链的发展,为实体经济提供降本增效的物流解决方案,创造了新的商机。同时,它将推动可持续发展,通过环保和可持续性的实践,减少碳排放,改善城市环境,提高企业社会责任。这一发展趋势将重塑经济格局,影响产业结构,为可持续创新创造了更广泛的前景,推动经济朝着更加数字化、智能化的未来迈进。"路空一体"在优化资源配置、推动新基建和数字经济、完善区域交通体系、提高应急救助能力、保障国家发展和安全等方面具有重要意义。它是多项国家战略的交汇点,弥补了运输的短板,拓展了智慧交通的应用场景,为无人自动载具应用市场开辟了广阔空间,同时也为军民融合发展提供了实践平台,对国家安全保障具有重要意义。

二、"路空一体"发展历程

(一)无人机的发展

无人机最早出现于20世纪初,它的出现与第一次世界大战有关,用于军事用途,当时指不需要驾驶员登机驾驶,而用无线电操纵的小型飞机。在经历了近一个世纪的发展后,无人机正在军事和民用的广阔领域发挥日益重要甚至是不可替代的作用。无人机是新一代电子信息技术与航空工业技术深度融合的产物,是自动化、智能化、网络化的重要载体,也是全球战略性新兴科技的热门发展方向之一。现代无人机综合了自动驾驶、人工智能、数据分析等高新技术,无论是在辅助交通、商业运作、物流运输,还是在航拍摄影、农业植保、深空探测,都展现出巨大的应用价值和发展潜力,受到了世界各国的重视。

随着技术的发展进步,无人机的名称也发生着变化,典型的英文缩写就有UA、UAV、UAS、RPA等,中文名称则有无人机、遥控驾驶航空器、无人驾驶航空器等。中英文名称的字面不同,带来的意义及内涵也略有不同,下面对不同中英文名称做简要说明。根据《无人驾驶航空器系统术语》(GB/T 38152—2019)和《民用无人机唯一产品识别码》(GB/T 41300—2022)中的定义,无人机有以下名称及缩写,如表1-4所示。

无人机名称一览 表1-4

序号	中文名称	英文名称	特点
1	无人驾驶航空器	UA,unmanned aircraft;UAV,unmanned aerial vehicle	由遥控设备或自备程序控制装置操纵,机上无人驾驶的航空器 注1:无人驾驶航空器包括遥控航空器、自主航空器和模型航空器等; 注2:遥控航空器和自主航空器统称无人机

续上表

序号	中文名称	英文名称	特点
2	无人驾驶航空器系统	UAS, unmanned aircraft system	以无人驾驶航空器为主体，配有相关的遥控站、所需的指挥和控制链路以及设计规定的任何其他部件，能完成特定任务的一组设备
3	遥控驾驶航空器	RPA, remotely piloted aircraft	由遥控站（台）操纵的无人驾驶航空器
4	遥控驾驶航空器系统	RPAS, remotely piloted aircraft system	以遥控驾驶航空器为主体，配有相关的遥控站、所需的指挥和控制链路以及型号设计规定的任何其他部件，能完成特定任务的一组设备
5	民用无人机	civil drone; civil unmanned aerial vehicle	从事民用领域飞行活动的通用航空器和自主航空器

从1917年的"柯蒂斯"无人机开始，无人机系统经历了百余年发展，在体系、平台、载荷、控制、测控及协同等技术领域都取得了长足进步，也开始在军事和民用领域发挥越来越重要的作用。无人机适合执行的任务可归结为"枯燥、恶劣、危险、纵深"（Dull, Dirty, Dangerous and Deep，简称4D）。其中，枯燥任务主要是指重复性的任务或者持久性的任务；恶劣任务主要是指环境涉及核、生物、化学武器威胁的任务；危险任务主要是指对飞机和机组成员具有高危险性的任务；纵深任务是指超越当前有人机作战半径的任务。深入分析无人机系统的发展阶段，有利于更清晰地把握无人机技术的发展历程和发展趋势，推动无人机技术的快速发展。

近年来，全球民用无人机市场实现了快速增长，根据Frost & Sullivan预计，全球民用无人机市场规模将从2015年的214.50亿元人民币增长至2019年的657.38亿元人民币。从类型构成看，过去几年消费无人机一直占据民用无人机的较大市场空间，但随着无人机在工业应用场景的拓展，未来工业无人机将成为民用无人机的发展热点，市场规模将快速增长。预计工业无人机增速明显超过消费无人机并逐步成为民用无人机市场的主要组成部分。

受益于行业发展及国家政策的大力支持,中国民用无人机取得了高速发展,逐渐成为全球无人机行业重要的板块之一。工业无人机则主要服务企业、政府部门等用户,用以辅助人工进行重复性高、劳力密集型工作或者直接替代人工进行危险、人工难以涉足的工作。工业无人机的应用场景不断扩展,目前主要集中于应急产业、测绘与地理信息、农林植保、安防监控等领域。截至2022年底,我国无人机运营企业1.3万家,年产值达到1070亿元,已注册无人机83.2万架,无人机数量较2020年增长60.9%,我国无人机行业正处于快速增长期。当前,我国无人机领域技术普及应用处于全球前列。

(二)无人车的发展

无人驾驶汽车(Self-Driving Car)也称为无人车、自动驾驶汽车,是指车辆能够依据自身对周围环境条件的感知、理解,自行进行运动控制,且能达到人类驾驶员驾驶水平。作为未来智能交通与智慧城市建设的重要组成部分,无人车正逐渐改变着我们的出行方式。它不仅是智能化、电动化、信息化等前沿技术的综合载体,更是下一代智能地面运载工具演变的基础。无人驾驶技术的发展经历了三个阶段,详见表1-5。

无人驾驶技术发展阶段与特点　　　　表1-5

序号	时间	特点
1	1980年以前	地面无人驾驶汽车侧重于遥控
2	1980—1990年	地面无人车得到进一步发展,各种自主、半自主移动平台不断涌现
3	1990—2000年	由于计算机、人工智能、机器人控制等技术的突破,无人驾驶汽车得到进一步发展
4	2000年以后	动态视觉技术和人工智能技术发展迅速,无人驾驶技术取得突破

在全球无人驾驶领域,除中国外,美国、欧洲相关产业发展也具有一定代表性①。

1. 美国:产业研究全球领先,技术和资本积累丰富

美国是无人驾驶的发源地,在无人驾驶人才积累和技术迭代上拥有先发优势,这也使得美国在无人驾驶领域拥有足够的权威和话语权。2011年,美国内华达州第一个批准自动驾驶汽车运行,之后,加利福尼亚州、纽约州等40多个州陆续颁布了自动驾驶汽车相关的法律和行政命令。美国也是世界上第一个向公众发布自动驾驶汽车开发和应用指南的国家。2020年初,美国运输部公布了最新的《确保美国在自动车辆技术方面的领先地位:自动驾驶车辆4.0》(简称AV4.0计划),为各州和地方政府、汽车测试商以及所有利益相关者提供了统一指导。

2021年1月,美国运输部发布了《自动驾驶综合计划》(以下简称《综合计划》)。《综合计划》在延续其既有自动驾驶1.0～4.0系列政策的基础上,描述了美国自动驾驶未来发展愿景及实施战略。其中,围绕自动驾驶商业落地应用,《综合计划》提出推进协作与数据开放、监管体系优化及前瞻性探索三大实施战略。

2022年3月,美国在最终版的《无人驾驶汽车乘客保护规定》中明确了全自动驾驶汽车不再需要配备传统的方向盘、制动或加速踏板等手动控制装置来满足碰撞中的乘员安全保护标准,在自动驾驶领域又往前迈了一大步。从低速无人驾驶产业发展情况来看,美国国家科学院出版社发布的《公共交通中的低速自动车辆(LSAV)》报告显示,美国已完成或在进行的LSAV项目已有70余项,服务场所包括园区、厂区、景区、社区、车站、医疗机构、商业中心等,满足载人、载物需要,具体服务模式有固定路线、循环器、A-B穿梭机、第一/最后一英里和支线服务、辅助客运

---

① 本部分有关美国、欧洲无人驾驶产业发展现状的内容,引自《2021—2025中国低速无人驾驶产业发展研究报告》。

系统。

虽然美国港口领域无人驾驶发展受限,但在矿区、农业领域全球领先。矿区方面,美国卡特彼勒公司从20世纪80年代就开始研究无人驾驶矿车技术,并于1996年正式推出首台无人矿车。作为世界上农业技术最发达、最先进的国家之一,美国农业机械化程度非常高,无人驾驶技术广泛应用在耕、种、管、收各个环节。另外,涉足无人配送的"超级独角兽"公司 Nuro 诞生于美国,该公司创办6年来,总融资金额已经高达21亿美元,公司估值也提升至86亿美元,位列赛道第一。

2. 欧洲:碎片化阻碍自动驾驶发展

欧洲在自动驾驶政策颁布方面,以德国、法国、英国为代表。德国政府认为,在国际自动驾驶法规建立之前,需要建立一个过渡自动驾驶的法案。德国作为传统的汽车生产大国,汽车又是德国的支柱产业,德国必须在自动驾驶领域发挥领导作用。德国自动网联驾驶目标如图1-4所示。

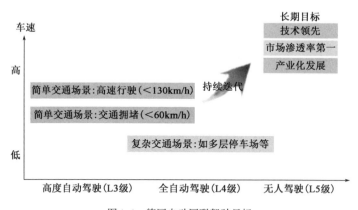

图1-4　德国自动网联驾驶目标

2017年,德国通过了第一部关于自动驾驶的法律,但是该法律并没有为无人驾驶提供在驾驶过程中应遵循的法律框架。因此从法律上说,L4级以上自动驾驶车辆在德国是不可能的。为此,德国政府进一步草拟《自动驾驶法》,并于2021年5月通过,计划2022年实施后,德国将成为世界上第一个允许完全无人的自动驾驶汽车上路行驶的国家。

在旅客很少的法国地区,通常缺乏定期公共交通,法国政府希望通过在公共交通中部署自动驾驶班车来解决这一问题,他们认为自动驾驶班车非常适合人口稀少的农村地区。在法国政府开发的自动驾驶汽车战略框架中,特别提出了"到2020年在道路上使用L3级自动驾驶汽车,到2022年在道路上使用L4级无人驾驶汽车和开发用于物流及自动货运的自动驾驶系统"的目标。

英国政府自2015年以来,一直致力于让英国成为世界上开发和部署自动驾驶汽车技术最成熟的地区之一。但英国在无人驾驶政策和测试方面稍显落后。为在商用上超赶他国,英国政府特别拨款建设六个项目,推动英国自动驾驶汽车行业发展,包括建设基础设施帮助企业测试无人车、推动自动驾驶汽车在城市之间和乡村地区提供运输服务等。

值得一提的是,除德国、法国、英国在自动驾驶政策的制定和立法上较为积极外,爱沙尼亚作为欧洲人口最少的国家之一,也是典型代表。2014年,无人配送车制造商Starship Technologies在爱沙尼亚成立,并率先进行商业化试运营。之后为进一步规范无人配送车商业化应用,爱沙尼亚率先在2017年7月推出无人配送车法规《道路交通法》,规定了无人配送车准入要求、路权、监管等具体要求。

无人车已经在多个领域实现了商用落地,包括物流配送、环卫清扫、安防巡逻、移动零售以及救援侦察等。在物流配送领域,无人配送车能够缓解末端配送压力,优化消费者体验;在环卫清扫领域,无人环卫车能够降低运营成本,提高作业效率。此外,无人巡逻车、无人零售车以及无人侦察车等也在各自领域发挥着重要作用。

(三)无人船的发展

无人船的技术发展突飞猛进。2017年12月,全球第一艘万吨级智能船舶通过伦敦船级社认证,正式交付使用。2018年8月,挪威航运公司威尔森集团(Wilhelmsen)和康士伯(Kongsberg)合资成立的世界第一家无人船航运公司Massterly全面投入运营。2019年9月,日本航运公司日本邮船株式会社(NYK)在其官方网站宣布,其已根据国际海事组织相关临时指南成功进行了世界上第一次海上自主水面船舶驾驶试验。2020年4月,荷兰皇家加勒比邮轮公司旗下银海邮轮"银海起源"号在戈雷飞越科海岸成功进行了世界首次邮轮远程遥控海试。

在中国,2018年12月,亚洲首个、世界最大的无人船海上测试场——珠海万山无人船海上测试场宣布启用,并获得了中国船级社授予的测试场服务供应方认可证书。2019年12月,中国首艘自动驾驶货船"筋斗云0号"在珠海东澳岛成功完成了首次自主运载。2020年5月,中国首艘自主航行集装箱商船"智飞"号在青岛开工建造。

(四)"路空一体"的发展

"路空一体"是交通运输从路空载具、路网资源、区域性向全局性的推进整合,是从地到天的多功能延伸,是智慧交通发展的重要领域;它是对现行的路网、载具、运输方式、邮政快递物流作业模式、区域应急能力提升等行业和领域的一次革命,也是交通运输多资源的再次融合,在保障国家安全方面发挥了重要作用。

"路空一体"的发展主要经历了三个阶段,从最初的智能交通发展成为智慧交通,再作为智慧交通重要领域的一部分,逐渐衍生成为集成了公路、水路、铁路等路面交通资源和低空航空资源的一体化综合交通运输系统。

1. 第一阶段——智能交通阶段

根据《智能交通系统手册》对智能交通系统的定义,智能交通系统(Intelligent Transport System, ITS)为"对通信、控制、信息处理技术在运输系统中集成应用的通称"。在1993年美国召开的智能车路系统年会上,各国专家一致确定了 ITS 这一名称。1994 年第一届 ITS 世界大会在法国巴黎召开,自此智能交通系统成为国际交通界、产业界和科技界的一个专有名词。美国、欧盟、日本是该领域的先驱,从智能交通技术研究到开发相应的工具及实际应用都走在了世界前列。2015 年,日本在其智能交通系统报告中指出,日本智能公路的交通事故减少了 50%;日本政府计划于 2025 年在全国范围内普及自动驾驶技术。2020 年,美国智能交通系统联合计划办公室发布《智能交通系统战略规划 2020—2025》,着重推动新技术在研发-实施-评估全流程的示范应用;同年,欧盟委员会发布新的《可持续和智能交通战略》,并在《欧洲绿色协议》中指出,到 2050 年,欧洲将打造出一套"智能、有竞争力、安全、易获得和可负担的交通系统"。

自首次正式提出 ITS 以来,我国交通运输行业聚焦城市智能交通领域,在北京、上海等 12 个城市进行了智能交通系统示范工程建设并全面推进,智能交通系统应用规模逐渐扩大,并在 2013 年 10 月召开的全国交通运输科技创新大会上提出"智慧交通"发展理念,从此我国正式进入"智慧交通"阶段。此后,随着车联网、自动驾驶、车路协同等成为热点,各类新技术极大地推动交通运输行业转型。ITS 发展历程如图 1-5 所示。

图 1-5　ITS 发展历程

2. 第二阶段——智慧交通阶段

智慧交通是以新发展理念为指导,在交通发展中充分融合新一代数字通信技术,着眼于提升系统运行效率、安全保障能力和服务水平,实现人、交通工具、主要交通要素与环境泛在感知、协同互联、高效运行,具备一定自主控制、决策、自组织能力的高效可靠的新型交通运输系统。区别于智能交通,智慧交通的发展理念更加全面且系统,注重人的参与及为人服务的属性,同时智慧交通的发展领域也更加宽泛,从之前的单一系统向着全领域、全方位发展。在技术发展方面,智慧交通的技术也更为先进,主要涵盖了天地一体、深海深空以及大数据、云计算、物联网、5G、人工智能、区块链等技术,并且发展的系统性和要求也更高,对协同创新、体系化推进、安全、效率、服务、经济、绿色等方面都有更加高的要求。

自2013年10月,我国交通运输部提出构建"综合交通、智慧交通、平安交通和绿色交通"的战略任务,交通的综合化、智慧化、安全和低碳化成为未来城市交通的发展重点,而基于信息化大力发展智慧交通,构建一个"综合、高效、绿色、安全"的交通体系成为当前城市交通发展的必然选择。"智慧交通"这个词源于国际商业机器公司(International Business Machines Corporation,IBM)在2008年提出的"智慧地球"概念,指出工具化、互联化和智能化是"智慧地球"概念的三个支柱。2010年IBM提出"智慧城市"愿景,将"智慧交通"视为智慧城市核心体系之一。2012年,中国成立智慧城市创建工作领导小组,开启了智慧城市建设序幕。2015年,政策着手对智慧交通领域采取措施,加速培育相关行业。2020年至今,交通运输部出台多项政策继续大力推进智能交通发展。2021年9月交通运输部印发《交通运输领域新型基础设施建设行动方案(2021—2025年)》,提出"到2025年,打造一批交通新基建重点工程,形成一批可复制推广的应用场景,制修订一批技术标准规范,促进交通基础设施网与运输服务网、信息网、能源网融合发展"。2021年11月交通运输部印发《数字交通"十四五"发展规划》,提出:到 2025 年,"交通设施数字化感知,信息网络大范围覆盖,运输服务方便快捷智能,行业治理在线协同,技术应用创新活跃,网络安全保障有力"的数字交通体系深入推进。在诸多政策的扶持之下,智能交通领域在"十四五"期间有了较快的进展。智慧交通发展历程如图 1-6 所示。

图 1-6　智慧交通发展历程

3. 第三阶段——"路空一体"阶段

"路空一体"作为智慧交通发展的新领域,是智慧交通系统中一种创新的发展思路,在我国综合立体交通与科技创新领域有着充分的产业基础和应用需求。在无人机产业和智能网联汽车产业的双重推进下,路空交通系统正在快速产业化,它们包括了以运输为重点的"路空一体"化运输系统和以出行为重点的飞行汽车等。"路空一体"综合立体交通如图 1-7 所示。

无人机领域技术的充分发展是路空交通系统融合的前提和保障。我国通过路空协同基础设施改造升级、通信设施布局融入国家重大专项、交通与应急规划融合、路空协同装备选型、路空协同运营管理平台建设、系统行业接口打通、专业人员培训及业务流程、标准规范的制定、天地一体化信息网络国家重大工程的典型示范应用等系列组合,已经在西部(喀什、阿勒泰)、中部(湖北、河南)和长三角、粤港澳大湾区等区域开展不同侧重点的试点布局。

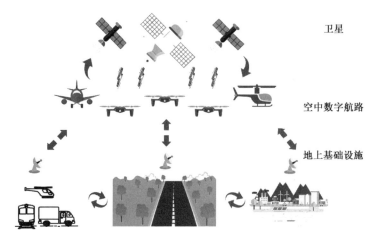

图1-7 "路空一体"综合立体交通

在粤港澳大湾区等地区,深圳市无人机行业协会会员企业顺丰物流、亿航、美团等,自2020年就开始在大湾区开展无人机规模常态化运营。广州、深圳等城市,纷纷开始构建覆盖粤港澳大湾区主要城市的低空无人机物流网络,西连广州、中山、珠海,北达东莞、惠州,南至香港、澳门地区,打造粤港澳大湾区2小时物流圈。

在智能网联无人车方面,低速无人车主要应用场景包括园区、景区、矿区、港口、机场、楼宇、农业等,低速无人车在其中执行配送、零售、清洁、消杀、巡逻、巡检、接驳等任务,其应用场景和无人车产品存在多种组合方式,部分场景和产品的运行模式都有了具体落地案例。随着企业技术的不断成熟以及低速无人车具备的更易商业化和规模化的特性加持,目前诸多企业从最初关注技术开发逐渐过渡到更注重场景的应用落地,并获得了资本的持续关注。

在无人船舶方面,无人船能够更灵活地进入复杂多变的水域环境,拓宽水域巡逻的范围。相较人工巡查方式,无人船可以持续自主作业,并能轻松转运到各个作业地点,极大提高巡逻效率和安全防控效果,大幅减少人力和设备成本。最重要的是,无人船的无人化作业从根本上解决了人员安全性问题,尤其是面对一些危险、危爆场景时,能够替代人力,更加快速、高效、智能地实施救援,或者通过数据图像实时回传帮助提前预判险情,降低事件人员和抢险人员的伤亡率,充分保障人民群众的生命安全。因此,无人船在水域安全防控市场的应用和普及是大势所趋,其发展前景也必将越来越广阔,详见表1-6。

无人船的应用情况 表1-6

序号	应用领域	应用行业	应用场景
1	城市公共水域	公安、海事、渔政、交通、生态环境、自然资源、应急管理	环境监测、水文测量、海洋测绘、海洋调查、水上救援、安防巡逻、水上无人投送、通信中继、情报侦察、电子对抗、智能航运
2	海洋工程		
3	公共安全		
4	国防工业		

总之,路空协同的智慧交通已经成为世界各国关注的焦点,并且已经得到了广泛的应用和发展。未来,将会有更多的国家投资于这个领域,不断提高交通系统的效率、安全性和可持续性。

三、"路空一体"体系建设

为实现公路、水路、通航、邮政等交通资源共建共享和一体使用的立体交通大格局,"路空一体"需要打造与之相适应的体系机制。在"路空一体"体系机制之下,要组织开展技术、政策法规、基础设施、装备、安全保障、控制指挥等诸多体系的建设,需要各方协同联动,形成"建、管、用"的闭环机制,进而支撑产业实践和融合发展。

(一)技术体系

"路空一体"技术体系,是指将地面交通系统和空中交通系统整合为一个统一的系统,实现交通资源的高效利用和交通运输的无缝衔接。合理的技术体系架构能够提高交通运输效率、改善交通环境、促进经济发展。通过整合地面交通和空中交通资源,实现交通系统的智能化、自动化和高效化,可以更好地满足人们对交通的需求,推动城市交通系统向更加智能、环保、便捷的方向发展。主要包括以下几个方面:

无人机技术是"路空一体"建设的重要组成部分,作为一种基于无人驾驶飞行器执行各种任务的技术,其核心包括飞行器设计与制造、飞行控制系统、自主飞行能力、载荷传输、通信与控制、导航和避障技术等多个方面。现代无人机具备了自主飞行、远程操控和多种载荷搭载等特点,广泛应用于军事、民用、商业等领域,为航空摄影、环境监测、货物运输等任务提供了高效解决方案,同时推动了交通智能化和自动化发展,对于"路空一体"建设具有重要意义。

空中交通管理技术是一系列用于监控和管理空中交通的关键技术和系统,包括航线规划、空中交通管制、碰撞避免、飞行安全监控、通信导航设备等多方面的技术内容。通过该技术规划航空器的飞行路径,实时跟踪航空器的位置和动态,协调航空器的飞行,能够及时发现和解决潜在的飞行安全问题,确保无人机安全和高效地飞行。该技术能够为空中交通提供安全和有序的管理,有效避免空中交通事故的发生,提高"路空一体"交通系统的安全性和可靠性。

智能交通管理系统是一种利用先进的信息和通信技术,对交通进行实时监测、智能调度和优化管理的系统。其核心包括智能信号控制、交通流量优化、交通管理决策支持等功能。智能交通管理系统通过传感器、人工智能、大数据等技术,实现对交通的实时监测,包括交通流量、车辆位置、道路状况等方面的信息。对于"路空一体"建设而言,该技术可以整合地面交通和空中交通的信息,实现交通系统的智能化和自动化,为交通资源的高效利用和交通运输的无缝衔接提供技术支持。此外,智能交通管理系统还可以利用预测算法,对未来交通情况进行预测,并提供相应的决策支持,帮助交通管理者做出合理的调度和决策。

通信和数据交换技术是指用于连接"路空一体"系统各个组成部分,并实现实时信息交换和通信的技术。该技术包括通信设备、网络架构、数据传输协议等,旨在确保地面交通系统和空中交通系统之间能够快速、可靠地进行数据交换和通信。通信和数据交换技术使得地面交通系统和空中交通系统能够实现信息共享和协同工作,为交通资源的高效利用和交通运输的无缝衔接提供技术基础。同时,通过实时数据分析和处理,可以发现交通系统中存在的问题和瓶颈,并提出相应的解决方案,推动"路空一体"交通系统向更加智能、高效和可持续的方向发展。

(二)政策法规体系

"路空一体"的政策法规体系是为促进"路空一体"技术发展和规范运行而制定的一系列法律、法规、规章、标准和政策文件。这个体系的重要作用在于规范行业发展、保障交通安全、促进技术创新和应用、保护公众利益,为"路空一体"建设提供有力的法律保障和政策支持。主要包括以下几个方面:

空中交通管理规定是确保空中交通安全有序进行的重要保障,明确了飞行器的飞行规则、飞行高度、飞行路径、飞行安全要求等,以避免空中交通事故和冲突的发生。例如,规定了飞行器在不同空域的飞行高度限制、飞行器之间的安全间隔等,以确保空中交通的安全和有序运行。

无人机管理办法规范了无人机的使用和管理,保障了公共安全和个人隐私。通过明确无人机的注册登记、飞行许可、飞行限制、飞行安全管理等内容,有效管理和监督无人机的运营行为。同时,也规定了无人机飞行的禁飞区和限飞区,保障了公共安全和国家安全。

空中交通管理体系提高了空中交通管制的能力和水平,为空中交通的安全运行提供了坚实保障。主要包括空中交通管制中心、空中交通监测设备、空中交通通信系统等的建设,确保了航空器在空中的安全飞行。

智能交通管理政策促进了交通系统智能化和自动化发展,提高了交通运输效率。通过制定相关政策,推动智能交通设施的建设和应用,实现交通系统的智能化管理和运营。

数据安全和隐私保护政策是保护个人隐私和数据安全的重要措施。通过规范数据采集、传输、存储和处理,保障公众的个人隐私和数据安全,增强公众对"路空一体"技术的信任和接受度。

(三)基础设施体系

"路空一体"的基础设施体系是指为实现地面交通系统和空中交通系统的无缝连接和协同运行而建设的一系列基础设施。这一体系旨在通过物理和技术手段,将地面交通和空中交通整合起来,形成一个高效、连通、智能的交通网络,能够实现地面交通和空中交通的有效协同,推动交通系统向智能化、高效化、安全化方向发展。主要包括以下几个方面:

地面基础设施是"路空一体"交通系统的重要组成部分,包括道路、桥梁、隧道、铁路和轨道交通等,为"路空一体"交通系统的完整性和互联互通性提供支撑。良好的地面基础设施可以使得人员和货物在陆地上畅通无阻地流动,同时也为综合交通枢纽提供必要的连接点。

空中基础设施是"路空一体"交通系统的关键组成部分,主要包括机场、航空管制系统、航路和导航设施等。空中基础设施与"路空一体"的关系在于提供空中交通的枢纽和支撑设施,为航空运输的顺畅运行和连接地面交通提供便利。机场以及无人机着陆点作为空中交通的重要节点,与地面交通枢纽相连,实现了多种交通方式的衔接和无缝转换,从而构建起完整的"路空一体"交通网络。

综合交通枢纽是实现"路空一体"交通体系的关键环节,它将地面交通和空中交通紧密相连,这些枢纽集成了地面交通站点(如火车站、汽车站、地铁站等)和机场等空中交通设施,将不同交通方式整合在一起,为城市交通系统的高效运行和管理提供支撑。综合交通枢纽的建设和运营,直接影响着"路空一体"交通系统的畅通度和便利性。

(四)装备体系

装备体系是"路空一体"系统中的关键组成部分,它涉及实现地面与空中交通无缝对接和高效协同运行所需的各种交通工具、设备及其配套设施,并随着技术的不断进步和创新,未来的"路空一体"装备体系将

更加高效、智能和绿色,为社会的发展和人民的生活带来更多便利和福祉。主要包括以下几个方面:

地面交通工具作为装备体系的基础,其智能化和自动化水平的提升对于提高交通效率、减少拥堵和降低事故率具有重要意义。自动驾驶汽车、智能公交和无人物流车辆等,通过集成先进的传感器、雷达、人工智能算法和通信技术,能够实现精准的自主导航和智能调度。这些技术的应用不仅能够提高运输效率,还能降低能源消耗和环境污染,推动交通行业的绿色发展。

空中交通工具是"路空一体"体系中的重要组成部分,它极大地扩展了交通网络的覆盖范围和运输能力。无人机、飞行汽车和垂直起降飞行器等空中交通工具,能够提供快速的城市间运输、紧急医疗救援和特殊环境下的物资投送服务。这些装备的应用不仅能够提高交通网络的灵活性和响应速度,还能在灾害发生时提供关键的救援支持,增强社会的整体应急能力。

能源和充电设施是支持"路空一体"装备体系运行的物质基础。随着电动交通工具的普及,充电站、无线充电技术和能源管理系统等能源设施的建设和优化,对于确保交通网络的持续运行和推动能源结构的转型具有重要作用。这些设施的发展不仅能够满足日益增长的能源需求,还能促进清洁能源的利用,推动交通行业的可持续发展。

安全和应急设备是"路空一体"装备体系中不可或缺的部分,它们直接关系到交通安全和人员生命安全。安全气囊、防撞系统、应急响应系统和防御系统等,能够在事故发生时提供必要的保护和支持。这些设备的应用,不仅能够减少事故造成的损失,还能提高公众对交通安全的信心,促进交通行业的健康发展。

(五)安全保障体系

安全保障体系在"路空一体"建设中的重要作用不容忽视,它是维护整个交通网络稳定、可靠运行的关键环节。这一体系旨在为交通系统各个层面提供全面的安全防护,从而确保公众的生命财产安全不受威胁,并保障交通系统的高效和顺畅。安全保障体系的多个子系统相互协作,从地面到空中,从个体交通工具到整个交通管理系统,形成了一张覆盖整个交通网络的安全网,它通过多个子系统的协同工作,确保了交通系统的安全运行。每个子系统都有其独特的功能和作用,共同构成了一个全面、立体的安全保障网络。主要包括以下几个方面:

安全管理系统是安全保障体系的核心,通过制定和执行安全政策、程序和标准的过程,确保所有的交通活动都在严格的安全标准下进行。在"路空一体"建设中,通过对交通参与者进行安全教育和培训,以及监督和评估安全措施的有效性,可以提高交通参与者的安全意识,减少人为错误,从而降低事故发生的风险。

应急响应系统是安全保障体系中用于处理突发事件的部分,包括紧急救援、事故处理和灾难响应等。在"路空一体"建设中,应急响应系统能够确保在发生事故或紧急情况时,迅速有效地调动资源,进行救援和处置。这一系统主要包括紧急通信网络、救援队伍、医疗设施和物资储备等,共同构成一个快速反应的应急网络,以最大限度地减少事故造成的损失和影响。

风险评估与控制系统负责识别和评估交通系统中的潜在风险,并采取措施来控制和降低这些风险。在"路空一体"建设中,这一系统通过科学的方法对各种风险进行量化分析,从而制定相应的预防措施,包括对交通设施的设计、建设和维护进行风险评估,以及对交通运营中的各种情况进行监控和预警。

安全技术研发与应用是安全保障体系中推动技术创新和应用的部分。通过开发新的安全技术和设备,例如更先进的监测和预警系统、更安全的交通工具和更有效的应急处置技术,并将这些技术和设备应用于交通系统的各个方面,能够不断提高交通系统的安全性和可靠性。

(六)控制指挥体系

控制指挥体系相当于"路空一体"建设中的大脑和神经中枢,它通过高度集成的信息处理、智能决策和自动化控制,确保交通系统的高效运行和安全性。这一体系由多个相互协作的子系统组成,每个子系统都承载着特定的功能,共同构建起一个全面、智能的交通管理和控制系统,这一体系的建立和完善,能够有效提升交通系统的运行效率、安全性和服务质量,为构建现代化、智能化的交通网络提供坚实的技术支撑。主要包括以下几个方面:

交通管理中心是控制指挥体系的核心,主要负责收集、分析和处理来自各个交通节点的数据信息。通过交通管理中心,交通管理人员可以监控整个交通网络的运行状况、实时调整交通流、优化信号灯控制以及发布交通指导信息。在"路空一体"建设中,交通管理中心能够确保交通流的顺畅,减少拥堵,提高运输效率。

智能调度系统是控制指挥体系中的决策支持工具,它利用先进的算法和模型,对交通资源进行合理分配和调度。这一系统可以预测交通需求,自动调整公共交通的运行计划,并为紧急情况制定应急调度方案。在"路空一体"建设中,智能调度系统的作用是提高资源利用效率,满足不同交通需求,确保交通服务的及时性和可靠性。

自动化控制系统是控制指挥体系中的执行机构,通过自动化技术实现对交通设施和交通工具的直接控制,包括自动驾驶汽车的控制系统、智能信号灯的调节系统以及无人机的飞行控制系统等。在"路空一体"建设中,自动化控制系统的作用是减少人为操作错误,提高交通系统的精确性和响应速度。

数据分析和处理平台是控制指挥体系中的信息处理中心,它负责对大量的交通数据进行分析和挖掘,提取有价值的信息。这一平台可以识别交通模式、预测交通趋势以及为交通规划提供决策支持。在"路空一体"建设中,数据分析和处理平台的作用是提供科学的决策依据,促进交通系统的智能化和精细化管理。

通信和网络系统是控制指挥体系中的信息传输通道,它确保交通管理中心、智能调度系统、自动化控制系统之间的信息流畅传递。这一系统包括无线通信网络、卫星通信系统以及互联网等。在"路空一体"建设中,通信和网络系统的作用是保障信息的实时共享和高效传输,支持交通系统的协同运行。

四、"路空一体"发展面临的机遇与挑战

(一)"路空一体"发展面临的机遇

1. 低空经济:改变未来交通方式的新机遇

在当前世界百年未有之大变局的背景下,低空经济作为一种新兴的产业模式,不仅与"路空一体"技术体系的发展密切相关,更在推动我国科技自立自强、实现高质量发展方面发挥着至关重要的作用。低空经济作为科技创新的前沿阵地,其核心在于通过科技手段有效利用低空空域资源,从而引领交通出行方式的根本性变革。在交通领域,我国虽起步较晚,面临西方发达国家在专利、标准、关键核心技术掌控上的巨大挑战,但正是这样的挑战,也孕育着转机与新机遇。

在此背景下,"路空一体"预示着未来交通出行方式的根本变革。此技术不仅在智能网联、清洁低碳方面展示出其先进性,而且代表了与传统交通装备制造业并行的新兴赛道。以无人机产业为例,我国已涌现出大疆、中兴等领先企业,在全球新型交通装备制造领域展示了竞争力和先发优势。

"路空一体"技术的发展和应用,不仅局限于传统的交通工具制造,

它的影响力深入到智能制造、大数据、云计算、物联网等多个科技前沿领域。例如,无人机的广泛应用,已经从简单的航拍扩展到精准农业、城市管理、灾害监测、物流配送等多个领域,成为智慧城市建设和现代服务业的重要支撑。同时,无人驾驶技术的突破,正在重新定义汽车产业的发展方向,引领新一代智能交通系统的构建。此外,"路空一体"技术的发展,也正推动我国航空航天产业的创新和升级。通过加大对高性能航空材料、先进动力系统等关键核心技术的研发投入,我国正在逐步突破长期受制于人的技术瓶颈,提升自主创新能力和国际竞争力。这不仅为我国航空航天事业的自主可控奠定了坚实的基础,也为相关高新技术产业的发展提供了强大的技术支撑和市场动力。在这一进程中,政府的引导和支持起到了至关重要的作用。通过出台一系列政策措施,如加大研发投入、优化产业结构、提高市场准入门槛等,政府正为"路空一体"技术的发展营造良好的政策环境和市场条件。同时,通过加强国际合作,积极参与全球科技治理,我国在"路空一体"技术及其应用领域的国际话语权和影响力正逐步提升。

"路空一体"技术不仅为我国交通装备制造产业带来了革命性的变革机遇,更是我国科技创新和高质量发展的重要推动力。在全球科技竞争的大背景下,我国必须把握住这一历史性机遇,加快科技创新步伐,不断深化"路空一体"相关技术研发和应用,努力在新一轮科技革命和产业变革中赢得主动权和优势地位。

2. 数字经济:新时代科技创新战略选择的新机遇

近年来,我国大力推动数字经济发展,国务院印发了《国家数字经济创新发展试验区实施方案》《"十四五"大数据产业发展规划》《"十四五"数字经济发展规划》《数字中国建设整体布局规划》,从数字基础设施建设、数据要素应用、产业数字化转型、数字产业化发展、数字服务平台建设等方面做了部署,各部委、各地方也积极谋划数字经济发展,不断完善顶层设计,发展数字经济。数字经济是实现"路空一体"发展的重

要保障,主要体现在以下几个方面:

一是数字地图支撑构建"线上交通网"。"路空一体"的发展需要智能化、数字化的基础设施网络,需要形成一张虚拟的交通网。数字经济的发展推动了空域网、道路网和航道网的数字化,推动交通设施成为可通达、可计算的网络,充分挖掘空域、陆域、水域的时空资源,为"路空一体"发展提供了基础保障。

二是数字技术支撑路空的高效联网联控。"路空一体"发展涉及多类载运工具、多源数据的融合,应用现代数字技术,可为"异构、高密度、高频次、高复杂性"的大容量融合"路空一体"活动提供保障,实现多类型载运工具的互通联动和联网联控,实现路空资源的最优化开发利用,达到缓解交通拥堵、提升资源利用效率的目的。

三是数据要素化有利于形成"路空一体"的数据资产。"路空一体"发展将形成涉及无人机、无人车、无人船运行的海量出行数据,国家积极推动大数据服务产业发展,加强各领域通信协议兼容统一,建立数据要素市场,促进数据要素市场流通,为"路空一体"数据挖掘和数据要素开发提供了广阔的空间和市场。因此,借助数字经济的东风,不仅可以推动"路空一体"快速发展,还可以进一步拓展数字经济的边界,加速"路空一体"产业数字化,促进交通数字产业发展,加快形成交通运输领域新质生产力,助力数字中国、交通强国建设。

3. 临空经济:开放型经济体系新形态的机遇

与传统的产业集群不同,"路空一体"要打造的是临空经济体与产业的联动区域。"路空一体"的这种发展方式也被定义为"路空经济港",是地方"改善投资环境,实施'加速崛起、富民兴县'战略的需要"。通过整合公路网、水运网和低空网资源,以大型高速公路服务区、物流园区、港口码头、客运站场等基础设施建设为依托,改建或利用现有条件增加小型通航起降场(Fixed Base Operator,FBO)设施,打造具备区域联动、游运结合、应急救援等功能的综合立体运输体系,丰富交通枢纽的服务场景和产业生态,满足人民群众日益多样的出行需求,改造和建设一批具有立体交通节点意义和经济价值的产业项目。

"路空一体"的定位是大市场和大交通,是构建立体式、网络化的交通运输方式,推进地区路空紧密衔接的交通运输体系建设,对促进地区跨越式发展发挥积极的作用,有利于完善地区通航机场、固定起降点布局和综合立体交通运输网络,以全新产业链延伸驱动高质量发展,构建符合新经济发展要求的现代大交通产业体系和经济发展动能体系,践行总体国家安全观,建设全要素、多领域、高效益交通深度发展的重大工程。但这并不是常见的"交通枢纽"或"产业城"。根据"空港经济之父"卡萨达提出的"交通枢纽"向"航空大都市"演变的理论,机场除了具有航空运输功能以外,产业、居住及配套功能也逐步在周边地区集聚发展。"路空一体"强调临空服务的功能,通过"路空经济港"的建设,促进更多的节点地区向"临空经济"功能转变。

形成"路空经济港"产业生态,整合路、空资源,利用、发挥支线机场与通用机场、起降点的航班衔接、班次配套、联系互动,盘活旅游、通勤航空、航空运动和通用航空的研发、制造、维修等产业服务项目,形成"1+N"的模式和"路空经济港"产业生态,主要包括以下几个方面:一是进行核心交通设施的功能拓展,在具备条件的地方进行飞行起降场建设;二是构建"路空一体"管理指挥服务平台;三是展示服务区功能拓展升级效果;四是打造低空飞行走廊的业务形态;五是依靠低空天网的技术手段,实现对低空走廊飞行的实时管控,保证"路空一体"运营的安全性、可靠性和可操作性。

建立快捷高效、通达四海的航线网络体系,规划建设一批通航飞机起降点和通勤航线,不仅可以缩短区域间资本、信息、技术、人才的流通成本,而且可以改善投资环境,从而创造远远大于机场直接效益、间接效益的诱发效益和催化效益,实现区域经济的腾飞。

（二）"路空一体"发展面临的挑战

1."路空一体"关键技术所面临的挑战

在"路空一体"建设中,突破关键技术是实现这一交通体系的基础和前提。这些挑战不仅涉及技术本身的复杂性,还包括技术整合、应用和推广过程中的诸多难题。

高精度监测与控制技术:在"路空一体"交通体系中,确保交通安全和高效运行的前提是能够对所有交通工具进行精确监测和控制。这要求开发出能够在各种环境下稳定工作的高精度定位、导航和监测系统。然而,当前的技术在精度、稳定性和抗干扰能力方面仍有局限,这限制了"路空一体"交通体系在复杂环境下的应用能力,尤其是在恶劣天气或信号干扰较大的情况下,安全风险增加,制约了体系的广泛应用。

通信网络的无缝覆盖:"路空一体"建设需要一个能够覆盖空中、地面乃至太空的通信网络,以支持各种交通工具之间的实时数据交换。目前,虽然地面通信技术已相对成熟,但空中和太空通信仍面临许多挑战,如信号衰减、延迟和覆盖范围的限制。这些问题导致通信网络无法实现全球无缝覆盖,从而限制了"路空一体"交通体系互联互通能力。

智能化交通管理系统:随着交通方式的多样化和交通流量的增加,传统的交通管理系统已难以满足需求。需要开发出更加智能化的管理系统,利用大数据、人工智能等技术对交通流进行分析和预测,实现动态调度和优化。然而,智能化管理系统的开发和部署需要解决数据集成、算法优化和系统集成等一系列技术难题,这些挑战限制了"路空一体"交通体系的高效管理和服务水平的提升。

飞行器的自主导航与避障技术:在"路空一体"交通体系中,飞行器的自主导航和避障能力至关重要。这不仅需要高精度的感知设备,还需要复杂的算法来处理大量数据并做出快速决策。目前,自主导航和避障技术在可靠性和实时性方面仍有待提高,这限制了飞行器在复杂空中交通环境中的安全运行,进而影响整个"路空一体"交通体系的发展。

能源与动力系统的创新:为了实现"路空一体"交通体系的可持续发展,需要开发出高效、环保的能源和动力系统。当前,飞行器和地面交通工具的能源消耗和排放问题仍然是一个突出的挑战。新能源技术的研发和应用,如电动飞行器和氢燃料电池车辆,虽然取得了一定进展,但在成本、效率和安全性方面仍需突破,这些技术难题限制了"路空一体"交通体系的绿色发展和广泛应用。

2. "路空一体"政策与法规所面临的挑战

在推动"路空一体"交通体系的发展过程中,政策与法规的挑战是不可忽视的。这些挑战主要源于新兴技术与传统管理体系之间的差异,以及跨领域的复杂性。

跨领域协调的复杂性:由于"路空一体"交通体系涉及航空、地面交通、通信等多个领域,因此需要各领域之间的紧密合作与协调。然而,不同领域往往有着各自的管理机构、法规体系和技术标准,这些差异导致了政策制定和执行的复杂性。缺乏统一的协调机制和标准,限制了"路空一体"交通体系的整合效率和推广速度。

技术标准和操作规范的统一:在"路空一体"交通体系中,统一的技术标准和操作规范是实现不同制造商、不同国家和地区间设备与系统互操作性的关键。然而,由于各国在技术发展、市场需求、安全理念等方面存在差异,导致了技术标准和规范的不一致,这不仅增加了企业在产品开发和市场适应方面的成本,还可能导致技术壁垒,限制国际合作和技术交流。此外,缺乏统一的操作规范可能导致操作失误或误解指令,从而增加安全风险。因此,制定和推广国际通用的技术标准和操作规范是推动"路空一体"交通体系发展的重要任务,也是提升其全球竞争力的关键。

政策支持与市场准入:政策支持是推动"路空一体"交通体系发展

的重要驱动力。政府可以通过财政补贴、税收减免、研发资助等方式,降低企业的创新成本和市场风险,激励企业投入更多资源进行技术研发和市场开拓。然而,政策的不确定性和变动性可能会影响企业的长期规划和投资决策,从而抑制技术创新和产业发展。同时,市场准入的限制,如严格的审批流程、高昂的准入门槛等,可能会阻碍新兴企业和创新技术进入市场,限制市场竞争和消费者选择。因此,政府需要创造明确、稳定、有利于创新的政策环境,并制定公平、开放的市场准入机制,以促进"路空一体"交通体系的健康发展。

国际合作与法规协调:在全球化背景下,"路空一体"交通体系的发展需要跨国界的合作与协调。不同国家在法律法规、技术标准、安全要求等方面的差异,可能会产生国际合作的障碍,影响"路空一体"交通体系的全球推广。例如,无人机的跨境飞行就需要解决各国空域管理、飞行安全、隐私保护等一系列复杂的法律和监管问题。此外,国际合作还涉及技术转让、知识产权保护、数据安全等敏感问题,需要通过建立多边合作机制、签订国际协议等方式来解决。缺乏有效的国际合作和法规协调,不仅会限制"路空一体"交通体系的技术进步和市场扩张,还可能影响全球交通管理和安全标准的发展。因此,加强国际合作、推动法规协调,是实现"路空一体"交通体系全球发展的重要途径。

安全与隐私保护的法规缺失:随着"路空一体"交通体系的发展,交通安全和个人隐私保护成为公众关注的焦点。现有的法律法规未能充分预见新技术带来的安全风险和隐私问题,导致相关法规的制定和更新滞后。这种法规的缺失或不完善,限制了公众对"路空一体"交通体系的信任度和接受度,进而影响了其商业化和社会化应用。

3. "路空一体"创新发展所面临的挑战

在"路空一体"交通体系的发展过程中,创新发展是推动其持续进步和完善的关键因素,然而当前在技术创新、市场需求适应性、研发投入以及产业生态构建等创新发展方面仍存在一定的挑战。

技术创新的持续推进：在"路空一体"交通体系中，技术创新是推动其发展的核心动力。这包括新型交通工具的研发、智能交通管理系统的构建以及高效能源利用技术的应用等。然而，技术创新往往需要克服技术难题和突破现有技术的限制，这不仅需要大量的研发资源，还需要跨学科的合作和创新思维。技术创新的不足，可能导致"路空一体"交通体系在效率、安全性和环保性等方面无法满足未来的需求，从而限制其发展潜力和应用范围。

市场需求的快速适应：随着社会经济的发展和消费者需求的多样化，"路空一体"交通体系必须能够快速适应市场变化，提供符合用户需求的服务和解决方案。这要求开发者和运营者要深入理解市场需求，不断优化和调整服务模式。如果无法及时响应市场变化，可能会导致"路空一体"交通体系在竞争中处于劣势，无法充分发挥其应有的经济效益和社会价值。

研发投入的充足保障：研发投入的充足保障是"路空一体"交通体系创新发展的基石。这不仅涉及必需的资金投入以支持前沿技术的研究和开发，还包括对高素质人才的培养和引进，以及对先进研发设备的投入和维护。研发资源的全面性和均衡性对于保持技术进步的连续性和有效性至关重要。资金短缺可能导致研究项目的延误或取消，人才缺乏可能使创新团队失去活力，而设备落后则可能影响研发效率和成果的质量。因此，确保研发投入的稳定性和有效性，对于推动"路空一体"交通体系的技术进步和市场竞争力提升具有决定性作用。

产业生态的健全构建：一个完善的产业生态是"路空一体"交通体系创新发展的重要支撑。这包括产业链上下游的协同合作、相关政策和标准的制定以及创新文化的培育等。如果产业生态不健全，可能会导致技术创新与市场需求之间的脱节，影响"路空一体"交通体系的整体竞争力和可持续发展能力。

4. "路空一体"经济可行性所面临的挑战

经济可行性挑战是评估"路空一体"交通体系是否能够在实际应用中得到广泛推广的重要指标。这些挑战不仅涉及初期的投资成本,还包括运营维护、投资回报、市场需求以及社会效益等多个方面。

高额的初始投资成本:建设"路空一体"交通体系往往需要在基础设施、技术研发、人才培养等方面进行大规模的前期投资。这些成本包括但不限于建设智能交通管理系统、购置先进的交通工具、开发高精度导航系统等。高额的初始投资可能会对政府预算或私营企业的财务状况造成压力,限制了项目的启动和扩展。此外,如果资金筹集不足或分配不当,可能会导致项目进度缓慢,影响整体规划的实施效果。

运营和维护成本的控制:"路空一体"交通体系的日常运营和维护同样需要大量资金支持。这包括交通系统的监控、设备的定期检查和维修、软件的更新升级等。随着技术的发展和系统的扩展,运营成本可能会持续增加。如果无法有效控制成本,可能会导致系统运营效率低下,经济效益不明显,进而影响到整个交通体系的可持续性和公众的接受度。

投资回报周期的延长:鉴于"路空一体"交通体系的高投资成本,其投资回报周期可能会相对较长。这意味着投资者需要等待较长时间才能看到投资回报,这在资本市场上可能会降低项目的吸引力。此外,长期的投资回收期可能会影响投资者对项目的信心,减少潜在的资金来源,从而限制"路空一体"交通体系的进一步发展和创新。

经济效益与社会效益的权衡:"路空一体"交通体系在追求经济效益的同时,也需要考虑其社会效益,如提高交通效率、减少环境污染、增强公共安全等。虽然社会效益难以直接量化,但它们对于提升公众生活质量和社会可持续发展具有重要意义。因此,在推动"路空一体"交通体系发展的同时,需要在经济效益和社会效益之间找到平衡点,以确保项目既能实现经济上的自给自足,又能为社会带来积极影响。

市场需求与供给的平衡:市场需求与供给的平衡是"路空一体"交通体系经济可行性的关键。这一平衡的实现需要深入的市场研究和精准的数据分析,以便对潜在的客户需求、使用频率、支付意愿等进行准确预测。市场需求的准确评估能够指导交通体系的设计规划和建设规模,确保供给与需求之间的协调一致,避免资源配置的失衡。如果市场需求被高估,可能会导致交通系统建设超出实际使用需求,造成设施空闲和资源浪费。这不仅增加了初期投资成本,还可能导致运营成本的增加,从而影响整个项目的财务状况和投资回报。长期来看,供过于求的局面可能会削弱公众对"路空一体"交通体系的信心,降低其使用率,进一步加剧经济效益的下滑。相反,如果市场需求被低估,"路空一体"交通体系可能无法满足公众的实际出行需求,导致服务质量下降和用户满意度降低。服务不足还可能引发交通拥堵和安全问题,影响公众的出行体验,进而损害"路空一体"交通体系的社会形象和市场地位。

第二章 "路空一体"政策法规建设

通用航空是民航业的两翼之一,在国家经济社会建设中具有不可替代的作用,市场前景广阔。随着我国经济发展和社会生产力不断进步,通用航空需求不断增加,国家对通用航空的重视程度也在不断提高,出台了一系列关于开放低空空域及支持通用航空发展的政策,地方政府及社会资本对通用航空的投资热情高涨,通用航空发展的政策环境逐步完善和成熟。同时,随着无人车、无人船等技术的发展和国家综合立体交通网建设部署,"路空一体"发展迎来了历史性的机遇。

一、法律法规助力:打造"路空一体"新未来

"路空一体"是近年来提出的新概念,虽然国家层面尚未出台针对"路空一体"发展的政策文件,但是在通用航空、无人机、无人车、无人船等方面已经出台了一系列政策举措,为我国"路空一体"发展奠定了良好基础,将有效促进我国"路空一体"的发展。总体来看,目前"路空一体"法律法规主要集中在无人机、低空空域改革、无人驾驶汽车领域,针对智能船舶和飞行汽车的法律法规相对较少。

(一)无人机法律法规

近年来,随着无人机的研发和应用加快,无人机管理体系加快完善。国家相继出台了一系列关于空域、无人机管理的法律法规,对无人机飞行申报和审批、飞行空域、适航管理、驾驶员管理等进行了规定。2023

年,国务院、中央军事委员会制定了《无人驾驶航空器飞行管理暂行条例》(国令第761号),对民用无人机飞行管理、操控员管理、空域管理等进行了系统化的规定。2024年,民航局在《民用微轻小型无人驾驶航空器系统运行识别概念(暂行)》基础上,制定了《民用微轻小型无人驾驶航空器运行识别最低性能要求(试行)》,旨在填补微轻小型无人驾驶航空器监视领域的空白,加强微轻小型无人驾驶航空器运行管理,明确微轻小型无人驾驶航空器运行识别功能性能要求,提升微型、轻型、小型无人驾驶航空器的可靠被监视能力。

表2-1为"十四五"以来无人机领域相关法律法规。

"十四五"以来无人机领域相关法律法规　　　　表2-1

序号	日期	文件名称	文件内容
1	2024年2月	《民用微轻小型无人驾驶航空器运行识别最低性能要求(试行)》	填补了微轻小型无人驾驶航空器监视领域的空白,加强微轻小型无人驾驶航空器运行管理,明确微轻小型无人驾驶航空器运行识别功能性能要求,提升微型、轻型、小型无人驾驶航空器的可靠被监视能力
2	2023年12月	《民用无人驾驶航空器运行安全管理规则》	明确了监管体制和适用范围,对操控员管理、登记管理、适航管理、空中交通管理以及经营和运行管理进行了规定
3	2023年12月	《民用无人驾驶航空器系统适航审定分级分类和系统安全性分析指南》	给出了面向适航审定的民用无人驾驶航空器系统分级分类方法,以及开展系统安全性分析时局方可接受的符合性方法
4	2023年12月	《国家空域基础分类方法》	提出了依据航空器飞行规则和性能要求、空域环境、空管服务内容等要素,将空域划分为A、B、C、D、E、G、W等7类,其中,A、B、C、D、E类为管制空域,G、W类为非管制空域

续上表

序号	日期	文件名称	文件内容
5	2023年5月	《无人驾驶航空器飞行管理暂行条例》	对无人驾驶航空器从设计生产到运行使用进行全链条管理,着力构建科学、规范、高效的无人驾驶航空器飞行及相关活动管理制度体系,为防范化解无人驾驶航空器安全风险、助推相关产业持续健康发展提供有力法治保障
6	2022年8月	《民用无人驾驶航空法规标准体系构建指南V1.0》	提出了通用基础要求,以及人员、民用无人驾驶航空器系统、空中交通管理、起降场、通信导航监视、环保、经营等方面的管理要求和技术要求
7	2022年8月	《民用轻小型无人驾驶航空器物流配送试运行审定指南》	民用轻小型无人驾驶航空器物流配送属于特定类运行,运营人通过采用地面与空中风险缓控措施,有效降低运行网风险水平
8	2022年7月	《深圳市物流配送站规划配建指引》	构建"物流枢纽+物流转运中心+物流配送站"现代物流场站体系,完善城市"15分钟生活圈"配套设施,深圳拟规划对超3万平方米建设项目用地等"标配"物流配送站,并引入无人配送车、无人机等"最后一公里"智能物流设施
9	2021年3月	《民用无人驾驶航空试验基地(试验区)管理办法》	进一步明确民航局、民航地区管理局以及试验区申报、建设主体的主要职责,提出了对试验区建设及运行进行监督指导、综合评估、交流推广的要求,以及明确试验区设立暂停与退出机制,以便持续有力支持和指导试验区建设和运行

(二)无人车法律法规

无人驾驶汽车法律法规正在逐步完善。在中央层面,虽然目前仍未针对无人驾驶汽车进行立法,但已经在开展前期研究工作,并在道路测试和示范应用等方面进行了积极探索。

在中央层面,为推动无人车的测试和应用管理,国家陆续发布了

《自动驾驶封闭测试场地建设技术指南（暂行）》《智能网联汽车道路测试与示范应用管理规范（试行）》《关于加强智能网联汽车生产企业及产品准入管理的意见》等文件，规范无人车的测试与应用。2021年以来，国家层面出台了《关于开展车联网身份认证和安全信任试点工作的通知》《关于加强车联网卡实名登记管理的通知》《关于加强车联网网络安全和数据安全工作的通知》等文件，分别对自动驾驶汽车网络安全风险防控、身份认证等问题进行了专门规定。2021年3月，《中华人民共和国道路交通安全法（修订建议稿）》公开征求意见，第155条首次对自动驾驶汽车道路测试和通行做出规定，并制定了违法和事故处理规则。虽然最终这条"自动驾驶条款"没有出现在《中华人民共和国道路交通安全法》修订案中，但这标志着自动驾驶汽车领域国家法律层面的立法探索工作已经开始。2021年7月，工业和信息化部、公安部、交通运输部联合出台了《智能网联汽车道路测试与示范应用管理规范（试行）》，首次在国家层面对智能网联汽车示范应用展开探索。2023年，交通运输部颁布了《自动驾驶汽车运输安全服务指南（试行）》，旨在聚焦应用场景、自动驾驶运输经营者、运输车辆、人员配备、安全保障、监督管理等影响运输安全的核心要素，明确在现行法律法规框架下使用自动驾驶汽车从事运输经营活动的基本要求，引导自动驾驶运输服务健康有序发展，最大限度防范化解运输安全风险，切实保障人民群众生命财产安全。同年，工业和信息化部、公安部、住房和城乡建设部、交通运输部联合制定《关于开展智能网联汽车准入和上路通行试点工作的通知》（工信部联通装〔2023〕217号），通过试点引导智能网联汽车生产企业和使用主体加强能力建设，在保障安全的前提下，促进智能网联汽车产品的功能、性能提升和产业生态的迭代优化，推动智能网联汽车产业高质量发展。基于试点实证积累管理经验，支撑相关法律法规、技术标准制修订，加快健全完善智能网联汽车生产准入管理和道路交通安全管理体系。

在地方层面，立法先行先试已成趋势。目前，全国已有超过40个省市出台了自动驾驶汽车道路测试管理细则,跨域测试纪录与许可互认等制度已基本形成。此外,试点省市已在高速公路/城市道路测试、无安全员驾驶、远程控制测试、载客示范应用、商业化试运营等前沿领域展开立法工作,其中以北京、上海、深圳等城市的规范体系更具代表性。2022年4月,北京市高级别自动驾驶示范区工作办公室编制《北京市智能网联汽车政策先行区乘用车无人化道路测试与示范应用管理实施细则》,首次在国内开启乘用车无人化运营试点,并制定了《北京市智能网联汽车政策先行区数据安全管理办法(试行)》《北京市智能网联汽车政策先行区数据分类分级管理细则(试行)》,明确企业在数据安全与分级分类管理工作的具体操作规则。2022年6月,深圳出台《深圳经济特区智能网联汽车管理条例》,规定了道路测试和示范应用、准入和登记、使用管理、车路协同基础设施、网络安全和数据保护、交通违法和事故处理、法律责任等内容,是国内首部关于智能网联汽车管理的法规,标志着中国自动驾驶治理体系建设迈上新台阶。2021至2023年,上海市先后发布了《上海市智能网联汽车测试与应用管理办法》《上海市浦东新区促进无驾驶人智能网联汽车创新应用规定》《上海市浦东新区促进无驾驶人智能网联汽车创新应用规定实施细则》。2021年,广州发布《关于逐步分区域先行先试不同混行环境下智能网联汽车(自动驾驶)应用示范运营政策的意见》《在不同混行环境下开展智能网联汽车(自动驾驶)应用示范运营的工作方案》,开展自动驾驶汽车混行试点。2023年,江苏省人大常委会表决通过了新修订的《江苏省道路交通安全条例》,对智能网联汽车测试和上路等事项做出规范,将有条件自动驾驶汽车、高度自动驾驶汽车和完全自动驾驶汽车进行了分类管理,对应急措施、数据管理、责任承担等关键问题进行了明确。

根据对2023年中国各级主管部门颁布的与自动驾驶有关的主要法规、标准、政策或者征求意见稿的不完全统计,归纳整理了2023年度主要立法情况一览表,见表2-2。

2023 年度自动驾驶相关法律法规　　　　表 2-2

序号	日期	发布机构	文件名称
1	2023 年 12 月	交通运输部	《自动驾驶汽车运输安全服务指南(试行)》
2	2023 年 11 月	北京市高级别自动驾驶示范区工作办公室	《北京市智能网联汽车政策先行区采集数据安全管理细则(试行)》
3	2023 年 11 月	工业和信息化部、公安部、住房和城乡建设部及交通运输部	《关于开展智能网联汽车准入和上路通行试点工作的通知》
4	2023 年 11 月	上海临港新片区管理委员会	《中国(上海)自由贸易试验区临港新片区促进智能网联汽车发展若干政策》
5	2023 年 10 月	杭州市规划和自然资源局	《杭州市智能网联汽车高精度地图管理规定》
6	2023 年 7 月	江苏省人大常委会	《江苏省道路交通安全条例》
7	2023 年 7 月	工业和信息化部、国家标准化管理委员会	《国家车联网产业标准体系建设指南(智能网联汽车)(2023 版)》
8	2023 年 7 月	上海市浦东新区科技和经济委员会	《浦东新区智能网联汽车产业高质量发展三年行动方案(2023—2025 年)》
9	2023 年 5 月	北京市高级别自动驾驶示范区工作办公室	《北京市智能网联汽车政策先行区数据分类分级管理细则(试行)》
10	2023 年 5 月	北京市高级别自动驾驶示范区工作办公室	《北京市智能网联汽车政策先行区数据安全管理办法(试行)》
11	2023 年 4 月	上海嘉定区人民政府	《嘉定区建设世界智能网联汽车创新高地行动方案(2023—2025 年)》
12	2023 年 4 月	北京市规划和自然资源委员会	《关于开展北京市智能网联汽车高精度地图审图工作的通知》
13	2023 年 3 月	北京市规划和自然资源委员会、北京市经济和信息化局	《北京市智能网联汽车高精度地图试点工作指导意见》
14	2023 年 3 月	上海浦东新区人民政府	《上海市浦东新区促进无驾驶人智能网联汽车创新应用规定实施细则》

续上表

序号	日期	发布机构	文件名称
15	2023年3月	自然资源部	《智能汽车基础地图标准体系建设指南（2023版）》
16	2023年1月	上海市经济信息化委、市交通委、市公安局	《上海市智能网联汽车高快速路测试与示范实施方案》

（三）低空空域飞行法律法规

国家低空空域管理改革加快推进。2010年，国务院、中央军委印发《关于深化我国低空空域管理改革的意见》，旨在通过5至10年的全面建设和深化改革，在低空空域管理领域建立起科学的理论体系、法规标准体系、运行管理体系和服务保障体系，形成一整套既有中国特色又符合低空空域管理规律的组织模式、制度安排和运作方式，充分开发和有效利用低空空域资源，并从分类划设低空空域、深化低空空域管理改革试点、构建低空空域法规标准体系、建立高效便捷安全的运行管理机制、加强低空空域管理配套设施建设等九个方面布局了改革任务。其中，明确各类低空空域垂直范围原则为真高1000米以下，可根据不同地区特点和实际需要，具体划设低空空域高度范围，并计划在长春、沈阳、广州、北京、兰州、济南、成都开展试点。2016年，国务院办公厅印发《关于促进通用航空业发展的指导意见》，提出扩大低空空域开放，及时总结推广低空空域管理改革试点经验，实现真高3000米以下监视空域和报告空域无缝衔接，划设低空目视飞行航线，简化通用航空飞行任务审批、飞行计划申请和审批（备案）程序，仅涉及监视空域和报告空域的飞行计划，报备后即可实施。随着国家推动低空空域管理改革政策的部署和落实，我国低空空域使用更加便捷，低空空域管理的政策、法规、标准体系逐步健全。

在国家总体部署下，自2015年以来，济南、重庆、珠三角、海南、四川、湖南、江西、安徽等地先后开展了低空空域管理改革试点。济南和重庆地区开展低空空域管理和通用航空发展综合配套改革试点;珠三角和海南地区开展空域精细化管理改革试点;在西北地区组织通用航空低空空域监视与服务试点,为进一步优化和完善低空空域管理探索了一系列丰富的经验。2018年以来,国家空中交通管理委员会陆续批复四川等以省一级为单位、以管理制度和技术创新为手段的低空空域管理改革试点,提出以省政府牵头、军民航和当地公安部门共同参与的低空空域协同管理改革。民航局在全国开展两批20个地市无人驾驶航空试验区,对于无人驾驶航空器管理和技术进行了大量的验证和运行探索,无人机区域示范试点成果分布如图2-1所示。

首批13个民用无人驾驶航空试验基地列表

申请主体	目标定位	备注
上海市金山区	海岛场景运行试验区	长三角发展;区域产业发展
浙江省杭州市	城市场景运行试验区	城市物流:城市物流配送
四川省自贡市	支线物流运行试验区	支线物流:重庆—自贡航线
广西壮族自治区贺州市	综合应用拓展试验区	载人飞行
河南省安阳市	城市场景运行试验区	城市立体融合交通管理
江苏省南京市	综合应用拓展试验区	长江保护巡查
天津市滨海新区	综合应用拓展试验区	近海支援
北京市延庆区	综合应用拓展试验区	冬奥保障
陕西省榆林市	支线物流运行试验区	支线物流
辽宁省沈阳市	综合应用拓展试验区	中温带寒冷气候运行
山东省东营市	综合应用拓展试验区	无人机校飞
安徽省安庆市	综合应用拓展试验区	山区运行、老区
江西省赣州市	综合应用拓展试验区	山区运行、老区

第二批7个民用无人驾驶航空试验基地列表

申请主体	目标定位	备注
广东省深圳市	城市场景和综合应用拓展	城市物流协同
河北省石家庄市	综合应用拓展试验区	综合拓展应用试验区
山西省太原市	综合应用拓展试验区	综合拓展应用试验区
山东省青岛市	海岛场景综合应用	海洋综合治理
重庆市两江新区	综合应用拓展试验区	公安协同管理
四川省成都市	试飞验证基地	低空演示验证
宁夏回族自治区吴忠市	支线物流运行试验区	大型无人机转场飞行

安庆无人驾驶航空试验区:安徽省低空空域改革试点重点成果
自贡无人驾驶航空试验区:四川省低空空域改革试点重点成果
赣州无人驾驶航空试验区:江西省低空空域改革试点重点空域

图2-1 无人机区域示范试点成果分布

2023年11月,国家空中交通管理委员会办公室会同有关部门起草了《中华人民共和国空域管理条例(征求意见稿)》,条例目的是加强和规范空域资源管理,维护国家安全、公共安全和航空安全,促进经济社会发展和国防军队建设。该空域管理条例的出台,标志着我国空域放开有了实质性的突破,将会对我国低空经济和通航产业的高质量发展提供有力的规范保障。条例明确,在空域使用上,对于D、E、G、W类空域,可采取报备制。也即对在标准气压高度6000米以下,非民用运输机场和设塔台的通用机场上空的空域,以及限制类型空域外,不再采取空域使用申请和审批机制。提出空域用户定义并提出空域用户的权利、义务规范。

二、政策扶持助推:"路空一体"迈向新高度

近年来,随着新一代信息技术的快速发展和应用,无人机、无人车、无人船、飞行汽车等新型载运工具不断涌现,成为变革交通出行模式、重塑交通产业格局的重要力量。当前,无人车、无人船、飞行汽车受制于技术成熟度和法律法规问题,仍处于研发和验证阶段,尚未大范围推广应用,而无人机由于其对基础设施的低依靠性,已经在各行各业实现广泛应用。近年来,民用无人机制造业快速发展,在个人消费、植保、测绘、能源、交通等领域得到广泛应用,其中,消费类无人机是我国为数不多的能引领全球发展水平的高科技产品之一,已成为中国制造的新名片。据统计,截至2022年底,获得通用航空经营许可证的无人机通用航空企业15130家,全行业无人机拥有者注册用户70.0万个,注册无人机共95.8万架,无人机有效驾驶员执照15.28万本,2022年,全年无人机累计飞行小时2067万小时,同比增长6.17%。无人机产业得益于国家政策的支持,实现了快速发展。

(一)党中央、国务院政策助力"路空一体"发展规划

从顶层设计来看,2012年,国务院印发《关于促进民航业发展的若干意见》,提出加快把通用航空培育成新的经济增长点,营造适应航空运输、通用航空和军事航空和谐发展的空域管理环境,统筹军民航空域需求,加快推进空域管理方式的转变。2016年,国务院印发《"十三五"国家战略性新兴产业发展规划》,提出推进民用飞机产业化,大力开发市场需求大的民用直升机、多用途飞机、特种飞机和工业级无人机,首次将无人机产业提升到国家战略层面。2017年,国务院印发《新一代人工智能

发展规划》，提出要突破无人机自主控制技术，发展消费类和商用类无人机，建立试验鉴定、测试、竞技等专业化服务体系，完善空域管理措施，明确在无人机领域加快打造人工智能全球领军企业和品牌。

从应用场景来看，2017年，国务院印发《国家突发事件应急体系建设"十三五"规划》，提出支持鼓励通用航空企业增加具有应急救援能力的直升机、固定翼飞机、无人机及相关专业设备，发挥其在抢险救灾、医疗救护等领域的作用。2022年，国家减灾委员会印发《"十四五"国家综合防灾减灾规划》，提出重点强化高原型大载重无人机的研制和应用推广，综合利用无人机、卫星遥感、物联网等技术，研制性能稳定、机动性强的应急交通保障装备。2021年，中共中央、国务院印发《国家综合立体交通网规划纲要》，提出发展交通运输平台经济、枢纽经济、通道经济、低空经济。

党中央、国务院"路空一体"相关政策文件见表2-3。

党中央、国务院"路空一体"相关政策文件 表2-3

年份	领域	政策文件名称	主要内容
2022	低空	《"十四五"现代物流发展规划》	明确补齐农村物流、冷链物流、应急物流、航空物流等专业物流短板。鼓励智慧物流技术与模式创新，促进创新成果转化，拓展智慧物流商业化应用场景，促进自动化、无人化、智慧化物流技术装备应用。稳步发展网络货运、共享物流、无人配送、智慧航运等新业态
		《扩大内需战略规划纲要（2022—2035年）》	明确加快培育低空等旅游业态，释放通用航空消费潜力；加快研发智能化产品，支持自动驾驶、无人配送等技术应用
2021		《"十四五"现代综合交通运输体系发展规划》	提出持续推进空管体制改革，完善军民航空管联合运行机制，深化低空空域管理改革；有序推进通用机场规划建设，构建区域短途运输网络，探索通用航空与低空旅游、应急救援、医疗救护、警务航空等融合发展
		《"十四五"旅游业发展规划》	明确促进旅游装备技术提升，重点推进低空旅游装备等自主创新及高端制造；完善低空旅游发展政策；选择一批符合条件的旅游景区、城镇开展多种形式的低空旅游，强化安全监管，推动通用航空旅游示范工程和航空飞行营地建设；推进通用航空与旅游融合发展

（二）部委政策加速"路空一体"稳步推进

1. 低空经济成为国家经济发展新的增长极

我国经济转入高质量发展新阶段，依靠传统基础设施建设投资拉动的经济增长模式已经发生转变，经济发展将更加注重创新驱动，依靠新技术研发和应用打造新的增长极。低空经济是以各种有人驾驶和无人驾驶航空器的各类低空飞行活动为牵引，辐射带动相关领域融合发展的综合性经济形态，广泛体现于第一、第二、第三产业之中，具有立体性、局地性、融合性、广泛性特点，在促进经济发展、加强社会保障等方面发挥着重要作用。随着我国民航领域"放管服"改革深入推进，国家出台系列支持低空经济发展的政策措施，打造我国经济新增长极。《交通运输部关于服务构建新发展格局的指导意见》提出，鼓励发展邮轮经济、水上旅游、低空飞行旅游、通用航空；《新时代民航强国建设行动纲要》提出，培育一批全球领先的航空制造、飞行监控、运营服务的无人机龙头企业；《"十四五"旅游业发展规划》《"十四五"国家应急体系规划》也对低空经济发展进行了部署，提出加强低空飞行器研发应用和产业化发展。民航局制定《"十四五"民用航空发展规划》《"十四五"通用航空发展专项规划》等系列政策文件，强调在京津冀、长三角、粤港澳大湾区和成渝等重点城市群引导建设大型综合性通用机场，提升低空飞行服务保障能力和地面服务保障水平，积极发展短途运输、提升通航公共服务、开展大众消费服务。

2. 无人机发展顶层设计和场景更完善

2016年12月，工业和信息化部印发《关于促进和规范民用无人机制造业发展的指导意见》，提出以技术创新为引领，围绕提升民用无人机安全性和技术水平这一核心，推进统一管控平台建设，建立完善标准体系和检测认证体系,大力促进两化融合及军民深度融合发展,强化产业竞争优势,促进我国民用无人机制造业健康发展,从技术创新、提升产品质量性能、加快培育优势企业、拓展服务应用领域、建立完善标准体系、强化频率规范使用、推进管控平台建设、推动产品检测认证八个方面,开展了无人机产业发展的顶层设计。2019 年,民航局制定《促进民用无人驾驶航空发展的指导意见(征求意见稿)》,提出开展低空无人机公共航线划设和运行研究,组织开展垂直起降载人及物流无人机试运行,为制定适航、飞标、空管运行规则、标准提供依据,拓展无人驾驶航空商业运营模式,扩展无人驾驶航空经营许可范围。2022年,应急管理部印发《"十四五"应急救援力量建设规划》,提出加快构建大型固定翼灭火飞机、灭火直升机与无人机高低搭配、布局合理、功能互补的应急救援航空器体系。物流领域,在《加快建设交通强国五年行动计划(2023—2027 年)》《"十四五"现代综合交通运输体系发展规划》《"十四五"城乡社区服务体系建设规划》《关于促进航空物流业发展的指导意见》《新时代民航强国建设行动纲要》等政策文件中,均对利用无人机进行物流配送进行了布局。2022 年,民航局印发《"十四五"航空物流发展专项规划》,充分发挥无人机在交通不便地区物流配送技术优势,开通无人机物流配送专线以及物资运送绿色通道;联合国家邮政局,将无人机物流纳入"快递进村、村村通邮"服务,提升航空物流的覆盖广度、深度,巩固脱贫攻坚,助力产业升级。

3. 无人车政策框架体系初步建立

我国自动驾驶产业治理起步较晚,但发展更快,近年来,从中央到地方,智能网联汽车创新、测试、准入、使用等方面的法律法规和规范标准不断出台,智能网联汽车产品监管体系逐渐完善,中国自动驾驶层级治理框架初步建立,顶层设计体系逐步完善。2018 年,工业和信息化部印发《车联网(智能网联汽车)产业发展行动计划》,提出以融合发展为主线,充分发挥我国的产业优势,优化政策环境,加强行业合作,突破关键技术,夯实跨产业基础,推动形成深度融合、创新活跃、安全可信、竞争力强的车联网产业新生态。2020年,国家发展改革委等11部委联合印发《智能汽车创新发展战略》,提出到2025年,中国标准智能汽车的技术创新、产业生态、基础设施、法规标准、产品监督和网络安全体系基本形成,能够实现有条件自动驾驶的智能汽车达到规模化生产,实现高度自动驾驶的智能汽车在特定环境下市场化应用的目标。2020年,交通运输部印发《关于促进道路交通自动驾驶技术发展和应用的指导意见》(交科技发〔2020〕124号),提出以关键技术研发为支撑,以典型场景应用示范为先导,以政策和标准为保障,坚持鼓励创新、多元发展、试点先行、确保安全的原则,加快推动自动驾驶技术在我国道路交通运输中发展应用,明确建成一批国家级自动驾驶测试基地和先导应用示范工程,在部分场景实现规模化应用的目标。2023年12月,交通运输部办公厅印发《自动驾驶汽车运输安全服务指南(试行)》,指导自动驾驶汽车常态化运营服务的新发展阶段。

4. 无人船发展加快推进

习近平主席在第二届联合国全球可持续交通大会开幕式发表主旨讲话时指出,"当今世界正在经历新一轮科技革命和产业变革,数字经济、人工智能等新技术、新业态已成为实现经济社会发展的强大技术支撑。要大力发展智慧交通和智慧物流,推动大数据、互联网、人工智能、区块链等新技术与交通行业深度融合,使人享其行、物畅其流。"

近年来,在物联网、大数据等新科技浪潮推动下,以数字化为基础、自主化为目标的渐进式船舶智能化已成为船舶工业发展的新趋势、新热点,世界主要造船和航运国家纷纷加大了智能船舶研发与应用的投入力度。2018年,工业和信息化部等三部委联合印发了《智能船舶发展行动计划(2019—2021年)》,大力推动协同创新,积极探索产业新业态和新模式,支撑我国智能航运建设,促进我国船舶工业高质量发展。2019年,交通运输部等七部委联合发布《智能航运发展指导意见》,明确将于 2050 年形成高质量智能航运体系。2022 年,工业和信息化部等五部委联合印发《关于加快内河船舶绿色智能发展的实施意见》,提出加快推进智能技术研发应用、提升绿色智能船舶产业水平、建立健全绿色智能船舶产业生态等多项重点任务。

可以预见,智能功能的引入将提高船舶运营安全、优化操作、降本增效、节能减排、降低船员工作强度、提高船舶运营的透明度,提升船舶安全性、经济性、环保性,助力航运业可持续发展。但也要注意到,船舶智能化是一项复杂的系统工程,其发展是一个循序渐进的过程,当前,船舶的智能功能正在从局部应用向全船应用拓展,智能水平由辅助决策向自主操控发展。

在国家政策支持下,我国智能船舶蓬勃发展。2018 年 11 月,由上海外高桥造船有限公司为招商局能源运输股份有限公司建造的 40 万吨智能超大型矿砂船(VLOC)"明远"号命名交付,这是我国"智能船舶 1.0 研发专项"的首艘示范船,是全球最大的智能船舶,也是全球首艘获得 DNV GL 智能船符号的船舶。2019 年,全球首艘超大型油轮(VLCC)"凯征"号交付,该油轮也是全球首艘获得智能货物管理符号(C)的智能船舶。智能航行集装箱船"智飞"号实现商业化运行,已完成智能航行 2.6 万海里。2023 年 6 月,我国首艘数字孪生智能科研试验船"海豚 1"在烟台蓬莱港交付并首航,创造了从多源信息融合协同探测、环境智能态势感知及重构到船舶及海洋环境数字孪生三个方面的国内第一。

5. 飞行汽车进入国家战略部署

飞行汽车的产品路径大致分为两类:一种是采用路空一体设计,"能跑也能飞";另一种则是 eVTOL,通常指载人或物流用自动驾驶飞行器,不包括消费级多旋翼航拍无人机。目前多数企业将 eVTOL 作为研发方向,通常所说的飞行汽车也指的是 eVTOL。

近年来,飞行汽车行业也得到了相关政策的支持,2021 年,中国航空研究院发布《电动飞机发展白皮书》,针对电动飞机领域,提出我国应重点发展城市空运、轻型运动、通勤运输、干支线运输这4类电动飞车。2022年,交通运输部、科学技术部联合印发《交通领域科技创新中长期发展规划纲要(2021—2035年)》,提出"部署飞行汽车研发,突破飞行器与汽车融合、飞行与地面行驶自由切换等技术",飞行汽车研发方向进一步明确。交通运输部、科学技术部进一步推出的《"十四五"交通领域科技创新规划》,为包括飞行汽车在内的智能绿色载运装备和工具的发展提供了广阔的空间。中国民用航空局发布《关于深入推进民航绿色发展的实施意见》《"十四五"民航绿色发展专项规划》,提出对发展包括飞行汽车在内的新能源航空器给予大力支持,有利于推动民航系统法规创新以促进飞行汽车的创新发展。

部委"路空一体"相关政策文件见表2-4。

部委"路空一体"相关政策文件　　　　表2-4

年份	领域	政策文件名称	主要内容
2024	无人机	《应急管理部 工业和信息化部关于加快应急机器人发展的指导意见》	明确突破无人机、机器人等装备集群协同作业关键技术,以及人机协同作业技术,强化重点领域无人机等应急机器人研制等主要任务
2023	低空	国家发展改革委、商务部、市场监管总局《关于支持广州南沙放宽市场准入与加强监管体制改革的意见》	明确提出在南沙推动海陆空全空间无人体系准入标准实施和应用。探索空地一体化城市交通管理办法,打造高效包容的市场准入环境。研究建设区域无人体系管控调度系统,分类划设低空空域和航线,简化航线审批流程,率先在工业生产、物流配送、应急救援、城市管理以及海上搜救作业等领域开展无人设备产业化应用。推动电动垂直起降飞行器(eVTOL)和智能网联汽车紧密联结,构建与技术发展适配的安全标准及管理规则,实现无人体系产业协同发展和技术跨界融合

续上表

年份	领域	政策文件名称	主要内容
2023	无人驾驶航空器	民航局《民用无人驾驶航空器运行安全管理规则》	明确了监管体制和适用范围,对操控员管理、登记管理、适航管理、空中交通管理以及经营和运行管理进行了规定
	低空	民航局《国家空域基础分类方法》	提出了依据航空器飞行规则和性能要求、空域环境、空管服务内容等要素,将空域划分为A、B、C、D、E、G、W等7类,其中,A、B、C、D、E类为管制空域,G、W类为非管制空域
	无人驾驶航空器	工业和信息化部《民用无人驾驶航空器生产管理若干规定》	提出民用无人驾驶航空器生产者应当为其生产的民用无人驾驶航空器设置唯一产品识别码;唯一产品识别码应当包含民用无人驾驶航空器生产者名称代码、产品型号代码和序列号;生产民用无人驾驶航空器应当遵守无线电管理法律法规以及国家无线电管理有关规定等
	无人驾驶航空器	工业和信息化部《民用无人驾驶航空器无线电管理暂行办法》	明确将民用无人驾驶航空器通信系统无线电发射设备型号核准、无线电频率使用、无线电台设置使用纳入无线电管理范畴,使管理政策与上位法有效衔接
2022	无人机	中国民用航空局、国家发展和改革委员会、交通运输部《"十四五"民用航空发展规划》	提出"以构建无人机产业生态为导向,鼓励建设一批创新平台,支持以无人机全产业链发展为重点的低空经济集聚区建设,发挥创新集聚带动作用,引领产业向价值链高端迈进"
	低空	民航局《航空5G机场场面宽带移动通信系统建设应用实施方案》	明确航空5G机场场面宽带移动通信系统(5GAeroMACS)的发展路径和重点工作,旨在加快新一代航空宽带通信技术行业应用,为智慧民航建设奠定重要设施基础

续上表

年份	领域	政策文件名称	主要内容
2022	无人机	国家发展改革委《"十四五"现代流通体系建设规划》	明确完善城乡融合交通网络,加强中西部与东北地区特别是边疆地区偏远县乡城镇及特色农产品主产区通用机场建设和功能完善;推进智慧机场建设,在有条件的地区开展航空电子货运试点,研究部署服务区域流通的大型无人机起降点
	低空	民航局《智慧民航建设路线图》	明确到2025年,开展有人无人融合运行试点;基本建立基于运行风险的无人驾驶航空管理体系,形成无人驾驶航空管理规章标准;实现北斗系统在通用航空通信导航监视领域的应用;建立通用航空、无人驾驶航空器服务试验区,探索基于数字平台的服务模式。到2030年,建成空域共享、数据互联、运行高效、管服一体的有人无人运行体系,逐步实现无人驾驶航空融入国家空域体系;通用航空、无人驾驶航空器服务产业逐步发展成熟。到2035年,探索无人驾驶载人航空器运行,基于算力全面提升融合运行能力;运输航空与通用航空、无人驾驶航空器实现协同运行
	低空	国家发展改革委、商务部《关于深圳建设中国特色社会主义先行示范区放宽市场准入若干特别措施的意见》	提出统一构建海陆空全空间无人系统准入标准和开放应用平台。深化粤港澳大湾区低空空域管理试点,加强粤港澳三地低空飞行管理协同,积极发展跨境直升机飞行、短途运输、公益服务、航空消费等多种类型通用航空服务。探索粤港澳三地空域管理和空管运行协同管理模式,进一步深化拓展深圳地区无人驾驶航空器飞行管理试点,试点开通深圳与珠海等地无人机、无人船跨域货运运输航线
	无人驾驶航空器	民航局《民用微轻小型无人驾驶航空器系统运行识别概念(暂行)》	民用微轻小型无人驾驶航空器系统运行识别是以可靠识别飞行阶段的无人驾驶航空器、降低航空活动的碰撞风险为目的,面向运行场景、基于运行风险,针对民用微轻小型无人驾驶航空器系统提出的飞行活动管理要求

续上表

年份	领域	政策文件名称	主要内容
2022	低空	交通运输部、科学技术部《交通领域科技创新中长期发展规划纲要（2021—2035年）》	《纲要》明确，提升交通装备关键技术自主化水平，加快大型民用飞机、重型直升机、智能化通用航空器等研发，推动完善民用飞机产品谱系化；部署飞行汽车研发，突破飞行器与汽车融合、飞行与地面行驶自由切换等技术；发展智慧民航技术，突破有人/无人驾驶航空器融合运行、民航运行多要素透彻感知、宽带移动通信、空地泛在互联、智能融合应用等新一代智慧民航技术
	无人驾驶航空器	民航局《民用无人驾驶航空发展路线图V1.0（征求意见稿）》	路线图发展目标中提出了"形成先载货后载客、先通用后运输、先隔离后融合的发展路径"。发展领域中，提出民用无人驾驶航空发展进程以高效安全的融合运行为目标，拓展从遥控到自主的航空器、从数字化到智慧化的运行环境、从自动到智能的操控和运行、从有限到全面的航行服务、从单一到体系的监管能力、从载货到载人的运输能力等6个发展领域
	无人驾驶航空器	民航局《民用无人驾驶航空器系统适航审定管理程序》	适用于限用类民用无人驾驶航空器系统的型号合格证、补充型号合格证，正常类、运输类和限用类民用无人驾驶航空器相应类别适航证的申请、受理、审查和颁发，以及对证件持有人的管理和监督
	无人驾驶航空器	民航局《民用无人驾驶航空器系统适航审定分级分类和系统安全性分析指南》	给出了面向适航审定的民用无人驾驶航空器系统分级分类方法，以及开展系统安全性分析时局方可接受的符合性方法
	无人机	应急管理部《"十四五"应急救援力量建设规划》	《规划》提出加快构建大型固定翼灭火飞机、灭火直升机与无人机高低搭配、布局合理、功能互补的应急救援航空器体系

续上表

年份	领域	政策文件名称	主要内容
2021	无人机	农业农村部、国家发改委等部门《"十四五"全国农业绿色发展规划》	《规划》明确提出，推广高效施药器械，重点推广植保无人机等，逐步淘汰背负式手动喷雾机担架式喷枪等
	飞行汽车	中国航空研究院《电动飞机发展白皮书》	提出重点发展城市空运、轻型运动、通勤运输等电动飞车
2020	无人车	国家发改委等《智能汽车创新发展战略》	到2025年，形成完善的智能汽车体系，实现有条件自动驾驶的规模化生产
	无人机	民航局《推动民航新型基础设施建设五年行动方案》	探索军民航协同运行、有人机无人机融合运行、空地一体化运行，并取得实质性突破
2019	无人驾驶航空器	民航局《促进民用无人驾驶航空发展的指导意见（征求意见稿）》	研究无人机公共航线划设和运行，组织垂直起降载人及物流无人机试运行，为制定相关规则和标准提供依据
	无人船	交通运输部《智能航运发展指导意见》	到2050年，形成高质量智能航运体系
2018	无人车	工业和信息化部《车联网（智能网联汽车）产业发展行动计划》	推动车联网产业发展，突破关键技术，构建新生态

续上表

年份	领域	政策文件名称	主要内容
2018	无人船	工业和信息化部、交通运输部、国防科工局《智能船舶发展行动计划（2019—2021年）》	大力推动智能船舶研发和应用，支撑智能航运建设
2016	无人机	工业和信息化部《关于促进和规范民用无人机制造业发展的指导意见》	提出了无人机产业的顶层设计，包括技术创新、提升产品质量、建立完善标准体系等八个方面

(三)地方政策助力"路空一体"加速腾飞

在通用航空发展方面，全国各省(自治区、直辖市)积极推动通用航空发展，北京、上海、重庆、云南、四川、江西、山西、广东、广西、海南、浙江等全国大部分省(自治区、直辖市)都制定了通用航空发展规划，出台了支持低空经济、无人机、飞行汽车发展的相关政策文件，见表2-5。

地方"路空一体"相关政策文件　　　　　表2-5

省市	时间	政策文件名称	主要内容
广东	2023年10月	《广州开发区(黄埔区)促进低空经济高质量发展的若干措施》	提出要促进无人机、电动垂直起降航空器、飞行汽车等为代表的低空飞行器研发制造、运营管理和综合保障服务产业的集聚发展，完善低空飞行基础设施网络、低空飞行保障体系和运营服务体系，培育经济新动能
	2023年1月	《广州市服务业扩大开放综合试点总体方案》	明确在广州市黄埔区(广州开发区、广州高新区、中新广州知识城)强化多点支撑、多极带动，打造知识创造新高地，支持结合深圳无人驾驶航空试验区建设和大湾区无人机物流运营试点，开展智能驾驶的低空载人飞行器试飞及组网试点；在南沙为飞机融资提供更加优质高效的金融服务，在全口径跨境融资宏观审慎框架下，允许在区内注册的融资租赁公司与其下设的特殊目的公司(SPV)共享外债额度，探索以保险方式取代保证金

续上表

省市	时间	政策文件名称	主要内容
广东	2022年底	《深圳市低空经济产业创新发展实施方案（2022—2025年)》	建设低空经济中心，打造通用航空产业综合示范区、民用无人驾驶航空试验区，推广无人机末端配送业务，培育发展低空制造、低空飞行等新增长点
	2022年1月	《关于深圳建设中国特色社会主义先行示范区放宽市场准入若干特别措施的意见》	提出率先建设海陆空全空间无人系统管理平台，进一步深化拓展深圳地区无人驾驶航空器飞行管理试点，提升无人驾驶航空器飞行便利性和监管有效性，优化飞行活动申请审批流程缩短申请办理时限，试点开通深圳与珠海等地无人机、无人船跨域货运运输航线，放宽航空领域准入限制
	2021年9月	《广东省综合交通运输体系"十四五"发展规划》	提出支持广州、深圳等地探索开展"空中的士"等城市通勤新模式
	2019年2月	《粤港澳大湾区发展规划纲要》	提出要加快通用航空发展，稳步发展跨境直升机服务，建设深圳、珠海通用航空产业综合示范区
湖南	2022年12月	《湖南省无人驾驶航空器公共安全管理暂行办法》	构建"政府统筹、公安牵头、行业配合、社会参与"的管理机制，共同推进全省无人驾驶航空器公共安全管理
	2022年9月	《湖南省低空飞行服务保障体系》	以覆盖全省域低空空域为目标，加快推进飞行服务站及其低空监视、通信、气象设施布局建设，积极拓展个性化飞行服务
	2022年5月	《湖南省低空空域划设方案》	建立空域灵活转换机制，实现湖南省全域1000米以下空域划设无缝衔接，大幅拓展了低空可飞空域范围，总规划面积达到24.1万平方公里
	2022年7月	《湖南省通用航空条例》	引领和推动湖南全域低空空域管理改革、有效利用低空空域资源、加强通用航空安全监管

续上表

省市	时间	政策文件名称	主要内容
湖南	2022年3月	《湖南省低空空域协同运行办法》	对低空空域的分类划设和使用、空管运行的协同机制进行了规范
	2022年1月	《湖南省通用机场布局规划(2021—2035年)》	提出以打造通用航空"干、支、通"无障碍串飞为目标,加快完善运输机场的通用航空功能,全面建成"1+13"中心通用机场,建设"1+13+N"通用机场网
	2021年7月	《支持通用航空产业发展的若干政策》	提出要建机场、开航线,提供创新平台,促进产业发展,培训人才
北京	2023年9月	《北京市促进未来产业创新发展实施方案》	提出聚焦新能源飞行汽车载运工具及无人化驾驶技术,支持智能网联汽车、通用航空及无人驾驶航空器等产业技术融合
	2023年3月	《北京市智能网联汽车高精度地图试点工作指导意见》	结合了国家智能网联汽车发展战略和北京市高级别自动驾驶工作规划,积极促进自动驾驶产业创新发展,从测绘活动主体、试点单位责任、数据在线传输、探索审图方式和健全标准体系等层面对智能网联汽车高精度地图审图工作进行了规范
安徽	2024年1月	《安徽省政府工作报告》	抢占空天信息产业制高点,支持北斗规模化应用和商业卫星研发制造,吸引更多商业航天公司落户。加快合肥、芜湖低空经济产业高地建设,拓展低空产品和服务应用场景
	2024年1月	《合肥市低空经济发展行动计划(2023—2025年)》	提出在2024年基本建成骆岗低空融合飞行试验片区
	2023年11月	《芜湖市低空经济高质量发展行动方案(2023—2025年)》	提出到2025年,芜湖低空经济相关企业数量力争突破300家,低空产业产值预计达500亿元,在航空整机、航材、主控芯片等方面实现关键核心技术突破
	2022年2月	《安徽省人民政府关于2022年重点工作及责任分解的通知》	深化低空空域管理改革,发展壮大通航产业

续上表

省市	时间	政策文件名称	主要内容
江苏	2024年2月	《苏州市低空经济高质量发展实施方案（2024—2026年）》	提出打造低空产业生态，完善飞行保障体系，培育低空应用场景，争创低空领域示范
	2023年10月	《南京市民用无人驾驶航空试验区核心区无人机产业高质量发展实施方案（2023—2025）》	南京市低空服务管理平台正式上线运行，并力争到2025年，相关产业产值规模超过15亿元，开发50个创新场景和50条市内无人机航线，并开展商业化试运行
	2024年1月	《江苏省政府工作报告》	大力发展生物制造、智能电网、新能源、低空经济等新兴产业
江西	2022年9月	《省文化和旅游厅关于省政协十二届五次会议第0582号提案会办意见的函》	加大江西省低空旅游的宣传推广力度，鼓励和支持条件成熟的景区开展低空旅游，推进江西省低空经济发展
	2021年11月	《江西省"十四五"航空产业高质量发展规划》	提出支持低空经济发展的若干措施，强化制度机制、技术人才和政策法规支撑，全面落实《支持低空经济发展的若干措施》
上海	2023年1月	《上海市人民政府关于加快推进本市气象高质量发展的意见（2023—2035年）》	发展警务航空、通用航空、低空飞行气象服务。加强自主可控的国产大飞机试飞保障能力，建立飞机制造、试飞及运营全链条的气象服务体系
	2022年9月	《上海市促进人工智能产业发展条例》	提出鼓励无人机产业发展的战略目标。鼓励无人机产业发展，支持建设民用无人驾驶航空试验基地（试验区）、无人机起降点及通用机场、无人机运行管理服务平台，支持拓展无人机应用场景
重庆	2023年3月	《重庆市人民政府 四川省人民政府关于印发推动川渝万达开地区统筹发展总体方案的通知》	推动区域低空空域管理改革，充分发挥通用航空在应急救援、防灾减灾、生态文旅等方面的作用
	2021年10月	《重庆市综合交通运输"十四五"规划（2021—2025年）》	提出构建5条航线用作空中交通通道

续上表

省市	时间	政策文件名称	主要内容
河南	2022年1月	《河南省"十四五"航空经济发展规划》	提出按照功能优先、集约节约原则,推进通用机场选址布局,夯实基础设施保障能力,拓展优化通用航空低空航线网络,提升通用机场运营管理水平,促进通用机场优势互补、协同发展
四川	2021年12月	《成渝地区双城经济圈建设规划纲要》	深化低空空域管理改革,加快发展通用航空

三、标准规范引领:"路空一体"体系化发展

(一)无人机标准规范

为进一步促进我国民用无人驾驶航空发展,国家积极推动"路空一体"相关的标准体系建设。2017年,国家标准化管理委员会等部门联合制定了《无人驾驶航空器系统标准体系建设指南(2017—2018年版)》,2021年,国家标准化管理委员会等部门联合发布了《无人驾驶航空器系统标准体系建设指南(2021年版)》,2022年,民航局编制印发了《民用无人驾驶航空法规标准体系构建指南V1.0》,明确了无人驾驶航空器的标准体系框架和建设发展路径,并指导制定了一批市场亟须、支撑监管的标准规范。《民用无人驾驶航空法规标准体系构建指南V1.0》提出了"1+N+X"的管理模式,"1"即1部规章,"N"即N份规范性文件及政策文件,"X"即X份技术标准,指南按照"初始适航""运行"和"经营"三个方面进行分块,充分与民航现有管理体系进行衔接,其中"运行"与"经营"通过管理要素、风险类别和体例形式三个维度分层构建。

无人机法规标准体系包括八方面内容:

一是基础通用,包括术语、符号、安全、风险评估、特定运行场景和其他六个部分,目的是建立统一的规范表述及方法。

二是人员,管理要求包括遥控驾驶员、维修人员、运行管理人员和空管人员,目的是对涉及的遥控驾驶员、维修人员、运行管理人员和空管人员资质建立统一的管理要求。技术要求主要包括培训、操作和人为因素,目的是对涉及的人员能力建立统一的技术要求。

三是民用无人驾驶航空器系统,管理要求包括登记和维修维护管理要求,目的是对涉及的登记和持续适航等内容建立统一的管理要求。技术要求主要包括维修维护和安全,目的是对涉及无人驾驶航空器系统维修维护和安全性等方面建立统一的技术要求。

四是空中交通管理,管理要求和技术要求包括空中交通服务、空中交通流量和空域,目的是对涉及的空域划设、空中交通服务、航路划设、飞行程序设计等方面建立统一的管理要求,并对涉及的空中交通服务信息服务系统接口、空域信息数字化等方面建立统一的技术要求。

五是起降场,管理要求和技术要求的目的是对涉及的起降场分级分类方案、选址、运行和运营等建立统一的管理要求和技术要求。

六是通信导航监视,管理要求和技术要求包括通信、导航、监视、指挥控制数据链和探测与避让,目的是对涉及的通信系统、导航系统、监视系统、指挥控制数据链、探测与避让等方面建立统一的管理要求,对涉及的相关系统、运行识别等方面建立统一的技术要求。

七是环保,管理要求和技术要求包括噪声和排放,目的是对涉及无人驾驶航空噪声及排放建立统一的管理要求和技术要求。

八是经营,包括作业能力和服务质量,对涉及的市场运营主体、经营领域、作业能力和服务质量建立统一的管理要求,并针对作业能力、服务质量建立统一的技术要求。

1. 无人机现行国家标准

现行有效的无人机相关国家标准共22项,均为推荐性国家标准,在无人机系统分类及分级、无人机系统试验方法、系统术语、系统型号命名、飞行控制系统通用要求、民用轻小型无人机系统环境试验方法、抗风性要求及试验方法、安全性通用要求等方面,提出了明确的标准和要求,为无人机产业化发展奠定了基础(表2-6)。其中,民用轻型无人机系统环境试验方提出了各种自然环境下无人机性能的试验方法,包括无人机低温试验、高温试验、冲击试验、温度和高度试验、振动试验、湿热试验、盐雾试验、防水性试验、砂尘试验。

部分无人机相关现行国家标准　　　　　　表2-6

序号	标准编号	标准名称	发布日期	实施日期
1	GB 42590—2023	《民用无人驾驶航空器系统安全要求》	2023-05-23	2024-06-01
2	GB/T 43370—2023	《民用无人机地理围栏数据技术规范》	2023-11-27	2024-03-01
3	GB/T 39567—2020	《多旋翼无人机用无刷伺服电动机系统通用规范》	2020-12-14	2021-07-01
4	GB/T 38997—2020	《轻小型多旋翼无人机飞行控制与导航系统通用要求》	2020-07-21	2021-02-01
5	GB/T 38996—2020	《民用轻小型固定翼无人机飞行控制系统通用要求》	2020-07-21	2021-02-01
6	GB/T 38954—2020	《无人机用氢燃料电池发电系统》	2020-06-02	2020-12-01
7	GB/T 38931—2020	《民用轻小型无人机系统安全性通用要求》	2020-07-21	2021-02-01
8	GB/T 38930—2020	《民用轻小型无人机系统抗风性要求及试验方法》	2020-07-21	2021-02-01
9	GB/T 38924.1—2020	《民用轻小型无人机系统环境试验方法 第1部分:总则》	2020-07-21	2021-02-01
10	GB/T 38911—2020	《民用轻小型无人直升机飞行控制系统通用要求》	2020-07-21	2021-02-01
11	GB/T 38909—2020	《民用轻小型无人机系统电磁兼容性要求与试验方法》	2020-07-21	2021-02-01
12	GB/T 38905—2020	《民用无人机系统型号命名》	2020-07-21	2021-02-01
13	GB/T 38152—2019	《无人驾驶航空器系统术语》	2019-10-18	2020-05-01
14	GB/T 38058—2019	《民用多旋翼无人机系统试验方法》	2019-10-18	2020-05-01
15	GB/T 35018—2018	《民用无人驾驶航空器系统分类及分级》	2018-05-14	2018-12-01

2. 无人机现行行业标准

现行有效的无人机行业标准共26项,涉及民用航空、环境保护、出入境检验检疫、气象、农业、邮政、公共安全、通信、林业、石油天然气、电力、测绘共12个行业领域。交通领域无人机相关行业标准主要有无人驾驶航空器系统作业飞行技术规范、无人机围栏、无人机云系统接口数据规范、无人机云系统数据规范等,其中无人机围栏和无人机云系统接口数据规范明确了无人机围栏的范围、构型、数据结构、性能要求和测试要求等,并对无人机围栏进行分类,无人机系统和无人机云系统之间应按照要求的数据接口进行双向通信,通信内容应包含注册信息、动态信息、数据类型、差异数据等(表2-7)。

部分无人机相关现行行业标准　　　　　表2-7

序号	行业领域	标准编号	标准名称	发布日期	实施日期
1	民用航空	MH/T 1069—2018	《无人驾驶航空器系统作业飞行技术规范》	2018-08-21	2018-11-01
2		MH/T 2008—2017	《无人机围栏》	2017-10-20	2017-12-01
3		MH/T 2009—2017	《无人机云系统接口数据规范》	2017-10-20	2017-12-01
4		MH/T 2011—2019	《无人机云系统数据规范》	2019-10-22	2020-01-01
5		MH/T 6126—2022	《城市场景物流电动多旋翼无人驾驶航空器(轻小型)系统技术要求》	2022-03-07	2022-04-01
6		JT/T 1440—2022	《无人机物流配送运行要求》	2022-09-13	2022-12-13
7		MH/T 2015—2024	《基于区块链的民用无人驾驶航空器飞行数据存证技术要求》	2024-01-10	2024-02-01
8		MH/T 2014—2023	《民用无人驾驶航空器系统物流运行通用要求 第1部分:海岛场景》	2023-10-30	2023-11-01
9		MH/T 3030—2023	《民用无人驾驶航空器实名登记数据交换接口规范》	2023-03-08	2023-04-01

表 2-7

序号	行业领域	标准编号	标准名称	发布日期	实施日期
10	环境保护	HJ 1233—2021	《入河(海)排污口排查整治无人机遥感航测技术规范》	2021-12-24	2022-01-01
11	环境保护	HJ 1234—2021	《入河(海)排污口排查整治无人机遥感解译技术规范》	2021-12-24	2022-01-01
12	出入境检验检疫	SN/T 5314—2021	《无人机在水尺计重中的应用规程》	2021-06-18	2022-01-01
13	气象	QX/T 466—2018	《微型固定翼无人机机载气象探测系统技术要求》	2018-12-12	2019-04-01
14	气象	QX/T 614—2021	《多旋翼无人机机载气象探测系统技术要求》	2021-05-10	2021-09-01
15	低空服务	MH/T 4055.1—2022	《低空飞行服务系统技术规范》	2022-10-28	2022-11-01

3. 无人机现行团体标准

现行有效的无人机相关团体标准共116项,涉及中国航空运输协会等45个社会团体,无人机团体标准覆盖范围较广,涉及驾驶员培训、可靠性和安全性评价、监测系统、工程师资质管理、环境适应性、作业规范等多个方面,涉及单旋翼无人机、固定翼无人机、多旋翼无人机等多种机型(表2-8)。

部分无人机相关现行团体标准　　　　　表 2-8

序号	团体名称	标准编号	标准名称	发布日期	实施日期
1	中国航空运输协会	T/CATAGS 6—2020	《轻小型无人机技术标准(UTC)驾驶员培训考核体系基本要求》	2020-04-13	2020-04-09
2	中国民用机场协会	T/CCAATB-0001—2019	《民用机场无人驾驶航空器系统监测系统通用技术要求》	2019-08-02	2019-08-08

续上表

序号	团体名称	标准编号	标准名称	发布日期	实施日期
3	中国航空器拥有者及驾驶员协会	T/AOPA 0030—2022	《职业教育无人机应用技术 第3部分 教学设备》	2022-07-11	2022-07-11
4		T/AOPA 0031—2022	《职业教育无人机应用技术 第4部分 实训室》	2022-07-11	2022-07-11
5		T/AOPA 0011—2019	《民用无人机系统专业工程师资质管理规则》	2019-06-17	2019-06-20
6		T/AOPA 0001—2020	《无人机搭载红外热像设备检测建筑外墙及屋面作业》	2020-05-19	2020-05-20
7		T/AOPA 0006—2020	《民用无人机驾驶员合格评定规则》	2020-10-30	2020-11-02
8		T/AOPA 0008—2020	《民用无人机驾驶员训练机构合格审定规则》	2020-12-30	2020-12-31
9		T/AOPA 0017—2021	《无人机安全操作能力评估系统 技术规范》	2021-12-30	2021-12-31

（二）无人车标准规范

2023年，为适应我国智能网联汽车发展新阶段的新需求，工业和信息化部、国家标准化管理委员会联合修订印发了《国家车联网产业标准体系建设指南（智能网联汽车）（2023版）》，这是《国家车联网产业标准体系建设指南》的第二部分，是对《国家车联网产业标准体系建设指南（智能网联汽车）（2018版）》的继承、延伸与完善，形成的标准体系建设指南框架更加完善、内容更加全面、逻辑更加清晰。《国家车联网产业标准体系建设指南（智能网联汽车）（2023版）》充分考虑了智能网联汽车技术深度融合和跨领域协同的发展特点，设计了"三横二纵"的技术逻辑架构，针对智能网联汽车通用规范、核心技术与关键产品应用，构建包括智能网联汽车基础、技术、产品、试验标准等在内的智能网联汽车标准体系，充分发挥标准对智能网联汽车产业关键技术、核心产品和功能应用的基础支撑和引领作用，与《国家车联网产业标准体系建设指南》其他部分共同形成统一、协调的国家车联网产业标准体系架构。2022年，工业和信息化部发布《车联网网络安全和数据安全标准体系建设指南》，提出围绕总体与基础共性、终端与设施网络安全、网联通信安全、数据安全、应用服务安全、安全保障与支撑共六个部分建立中国车联网网络安全和数据安全标准体系。

近年来，随着人工智能、5G通信、大数据等新技术快速发展，自动驾驶技术在交通运输领域加快应用，由封闭场地测试到道路测试、由试点示范到商业试运营快速迭代。北京、上海、广州、深圳等城市纷纷出台政策，允许自动驾驶汽车在特定区域、特定时段从事城市公共汽电车、出租汽车、物流配送等商业化试运营，且应用规模不断扩大。2023年，交通运输部印发了《自动驾驶汽车运输安全服务指南（试行）》，提出聚焦应用场景、自动驾驶运输经营者、运输车辆、人员配备、安全保障、监督管理等影响运输安全的核心要素，明确在现行法律法规框架下使用自动驾驶汽车从事运输经营活动的基本要求，引导自动驾驶运输服务健康有序发展，最大限度防范化解运输安全风险，切实保障人民群众生命财产安全。另外，相关部委陆续发布了《智能汽车基础地图标准体系建设指南（2023版）》《国家车联网产业标准体系建设指南（智能网联汽车）（2023版）》等文件，确立了相关国家标准体系的建设方向。2023年，自然资源部发布了《智能汽车基础地图标准体系建设指南（2023版）》，从基础通用、生产更新、应用服务、质量检测和安全管理等方面，对智能汽车基础地图标准化提出原则性指导意见，推动智能汽车基础地图及地理信息与汽车、信息通信、电子、交通运输、信息安全、密码等行业领域协同发展，逐步形成适应我国技术和产业发展需要的智能汽车基础地图标准体系。

智能网联汽车相关政策文件、指南和标准见表2-9。

智能网联汽车相关政策文件、指南和标准 表2-9

序号	政策文件、指南和标准
1	《北京市智能网联汽车政策先行区智能网联客运巴士道路测试、示范区应用管理实施细则(试行)》
2	《北京市智能网联汽车政策先行区无人接驳车管理细则(道路测试与示范应用)》
3	《北京市智能网联汽车政策先行区乘用车无人化道路测试与示范应用管理实施细则》
4	《北京市智能网联汽车政策先行区自动驾驶出行服务商业化试点管理实施细则(试行)》
5	《上海市车路协同创新应用工作实施方案(2023—2025年)》
6	《上海市智能网联汽车示范运营实施细则》
7	《苏州市智能网联汽车道路测试与示范应用管理实施细则(试行)》
8	《重庆高新区自动驾驶示范应用及运营管理办法(试行)》
9	《广东省智能网联汽车道路测试与示范应用管理办法(试行)》
10	《上海市智能网联汽车高快速路测试与示范实施方案》
11	《智能汽车基础地图标准体系建设指南(2023版)》
12	《上海市浦东新区促进无驾驶人智能网联汽车创新应用规定实施细则》
13	《北京市智能网联汽车高精度地图试点工作指导意见》
14	《关于开展北京市智能网联汽车高精度地图审图工作的通知》
15	《关于嘉定区建设世界智能网联汽车创新高地行动方案(2023—2025年)》
16	《北京市智能网联汽车政策先行区数据安全管理办法(试行)》
17	《北京市智能网联汽车政策先行区数据分类分级管理细则(试行)》
18	《浦东新区智能网联汽车产业高质量发展三年行动方案(2023—2025年)》
19	《国家车联网产业标准体系建设指南(智能网联汽车)(2023版)》
20	《江苏省道路交通安全条例》
21	《杭州市智能网联汽车高精度地图管理规定》
22	《中国(上海)自由贸易试验区临港新片区促进智能网联汽车发展若干政策》
23	《关于开展智能网联汽车准入和上路通行试点工作的通知》
24	《北京市智能网联汽车政策先行区采集数据安全管理细则(试行)》
25	《自动驾驶汽车运输安全服务指南》
26	《港口自动驾驶集装箱卡车运行技术要求》地方标准
27	《车路协同系统路侧基础设施 总体技术要求》团体标准
28	《港口无人驾驶集装箱车技术要求》团体标准

(三)无人船标准规范

为了应对无人船技术发展所带来的挑战,国际社会和国内各方主体都在积极探索、制定和完善相关规则、规范。在国际公约规则、标准规范方面,国际海事组织成立了海上水面自主船舶工作组,对无人船进行了定义与分级,并启动了无人船相关法规梳理和适用性分析工作,制定了无人船试航指南。2023年,中国船级社发布了2023版《智能船舶规范》,对智能船舶的通则、智能航行、智能船体、智能机舱、智能能效管理、智能货物管理、智能集成平台、远程控制船舶、自主操控船舶等进行了规范,认为智能船舶一般应具有以下特点:一是具有感知能力,即具有能够感知船舶自身和设备、外部世界、获取外部信息的能力;二是具有记忆和思维能力,即能够存储感知到的外部信息及由思维产生的知识,同时能够利用已有的知识对信息进行分析、计算、比较、判断、联想、决策;三是具有学习能力和自适应能力,即通过与环境的相互作用,不断学习积累知识,使自己能够适应环境变化;四是具有行为决策能力,即对外界的刺激做出反应,形成决策并传达相应的信息。目前,已经出台了《煤炭矿石码头装船机智能装船系统技术规范》等标准。湖北省出台《湖北省支持绿色智能船舶产业发展试点示范若干措施》,提出支持船舶智能技术应用,对使用自主操作、远程控制、智能航行、智能船体、智能机舱、智能能效管理、智能货物管理、智能集成平台等智能技术的湖北籍绿色动力船舶,按照智能化程度给予适当补助。

另外,2018年1月,中国船级社编制的《无人水面艇检验指南(2018)》正式生效,对入级检验、总体目标及功能要求、通信系统、操控系统、艇体、轮机、电气、航行和信号设备提出了要求,针对不同的航行模式(自主航行、远程遥控)和距岸距离,授予不同的附加标志。2018年8月1日,《无人水面艇检验指南》第1次变更通告生效,新增了入级符号、附加标志和检验要求。2018年10月,《自主货物运输船舶指南(2018)》

正式生效,针对第三级和第四级自主化水平的无人船,采用目标型标准方法,对自主货物运输船舶的构造、船舶各系统的目标、功能要求、规定要求以及检验与试验要求做出了规定。2020年4月,工业和信息化部装备工业司联合国家市场监管总局标准技术司发布《智能船舶标准体系建设指南(征求意见稿)》,对智能船舶标准建设的总体要求、体系框架、建设内容和组织实施作了规定。

(四)飞行汽车标准规范

飞行汽车发展涉及航空器、汽车和交通等不同领域的规则问题。飞行汽车作为电动航空器,从空中飞行的角度,应进行适航审定认证,包括航空器设计的型号合格证和航空器制造的生产许可证,还有单机适航证等;从交通运行管理角度,涉及空域管理和空中行驶规则,包括航线的制定、事故责任划分以及空中执法手段等一系列问题。飞行汽车作为陆空两栖运载工具,从道路行驶的角度,应有机动车出厂合格证,满足汽车道路行驶的安全性技术标准。现有航空器或汽车的相关管理规则没有考虑飞行汽车的新技术应用,难以直接套用于飞行汽车这一新型交通载运工具,需要研究和制定相应的法规标准和监管体系。

飞行汽车作为最近全球许多国家和汽车公司开始研制、试制的新兴汽车品种,目前还是处于发展的前期阶段,国内外还没有启动专门针对飞行汽车的标准法规制定,飞行汽车目前只能分别满足汽车和航空飞行器的相关法规并获得相应的认证。但从未来发展趋势看,随着飞行汽车产业壮大,国际社会必然会陆续制定出台专门针对飞行汽车特点的法规,以弥补单独的汽车和航空飞行器标准法规的不足和不兼容性。例如飞行汽车的玻璃、视野等,在满足航空飞机的要求下,如果满足不了汽车的相关法规,出现这样的矛盾如何协调解决,汽车和飞机不同角色的安全切换等问题,在未来飞行汽车标准法规中都应考虑。

第三章 "路空一体"关键技术分析

一、"路空一体"关键技术架构

打造"路空一体"关键技术架构是未来交通发展的重要趋势。这种架构将传统的地面交通系统与空中无人机系统整合在一起,形成一个多层次、高效能的交通网络。为了实现这一目标,需专注于基础设施关键技术、通用装备关键技术以及配套与安全保障技术的发展,这些技术的发展将支撑"路空一体"交通体系的顺畅运行和安全保障,如图 3-1 所示。

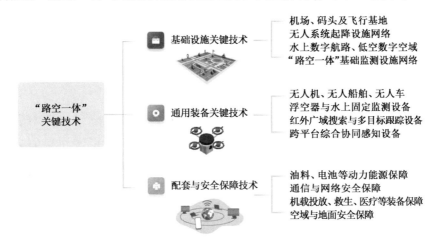

图 3-1 "路空一体"关键技术架构

(一)基础设施关键技术

打造"路空一体"体系的基础在于建设能够支撑无人机和无人车运行的基础设施。基础设施关键技术不仅包括了道路建设、起降场地的规划建设、充电和维护站点的布局等实体基础设施,更重要的是还涵盖了数字网络以及网络信息等数字化基础设施,从实际与虚拟两方面确保道路和空中的无人机路线能够无缝对接,同时满足无人机和无人车的特殊使用需求,如高精定位、数字孪生底座等。

(二)通用装备关键技术

在构建"路空一体"体系中,通用装备的关键技术起着至关重要的作用,尤其是无人机和无人车的自动驾驶技术,它们是实现该体系顺畅运行的核心。这些技术不仅涉及单一的装备,如飞行汽车、无人驾驶车辆、无人机平台和无人船舶,还包括这些装备之间的协同与一体化发展,以实现在不同环境中的有效配合和统一管理。

飞行汽车是"路空一体"体系中的一大创新,它结合了传统汽车的地面行驶能力和无人机的飞行能力。飞行汽车的关键技术包括垂直起降(Vertical Take-Off and Landing,VTOL)技术、能源高效利用、安全可靠的飞行控制系统等。这些技术的突破能够使飞行汽车在城市环境中提供快速、灵活的移动服务,同时减少交通拥堵。

无人驾驶车辆是实现地面交通自动化和智能化的关键。其技术核心包括复杂环境下的高精度感知技术、决策规划技术以及执行控制技术。通过搭载高级的传感器和采用先进的人工智能算法,无人驾驶车辆能够实现在复杂交通环境中的自主导航和安全行驶。

无人机平台技术是"路空一体"体系中实现空中监控和快递配送的关键。无人机的关键技术包括轻量化材料、高效动力系统、自主飞行控制算法以及安全可靠的通信系统。通过这些技术的集成,无人机能够在不同的任务中展现出高度的灵活性和效率。

无人船舶技术是扩展"路空一体"体系到水面交通的重要一步。其技术重点在于环境感知与数据融合、自主导航与避障、远程控制和自动化航线规划。这些技术的发展可以大幅提高海上运输的安全性和效率,同时降低人力成本。

无人装备协同及一体化发展技术是"路空一体"体系的高级阶段，要求各种无人装备之间能够实现信息共享、任务协调和资源整合。这包括但不限于跨平台通信技术、多任务管理与调度技术以及复杂环境下的协同控制技术。通过这些技术的发展，可以使无人机、无人车、飞行汽车和无人船舶等在执行复杂任务时，实现高效的配合和统一的管理，极大地提高整个"路空一体"体系的运行效率和响应速度。

(三)配套与安全保障技术

智能交通管理系统技术和航空交通管理技术是确保"路空一体"交通体系高效运行的重要支撑。智能交通管理系统不仅需要实时监控交通状态，还应具备高效的数据分析能力，以实现交通流的优化调度。同时，航空交通管理技术必须能够确保无人机在复杂的空中环境中安全飞行，避免与其他空中交通工具发生冲突。

在这一过程中，安全是最为重要的考量因素。因此，配套与安全保障技术需要覆盖网络安全、数据加密、隐私保护以及紧急响应机制等多个方面，确保整个系统在遭遇技术故障、网络攻击或其他意外情况时能够迅速恢复正常运行。

总之，"路空一体"关键技术架构的打造，既需要在技术层面不断创新和突破，也需要在政策、法规以及行业标准等方面进行配套改革。通过跨学科、跨行业的协同合作，才能够真正实现安全、高效、智能的"路空一体"未来交通体系。

二、"路空一体"基础设施关键技术

(一)"路空一体"数字路网技术

我国实体路网建设已经取得了举世瞩目的成就，高速公路、高速铁路、内河航道通航总里程均居世界第一。但路网的运行效率还有待提高,做好"路空一体"路网体系建设,将不同形式的路网进行有效衔接、协同工作,推动交通发展由追求速度规模向更加注重质量效益转变,由各种交通方式相对独立发展向更加注重一体化融合发展转变,由依靠传统要素驱动向更加注重创新驱动转变。

"路空一体"路网建设技术方案是一个复杂而具有前瞻性的综合性交通基础设施规划和建设方案,旨在将陆地道路交通与空中交通无缝融合,实现高效、智能、绿色、安全的综合立体交通体系。该方案包括多个关键要素,共同构建未来智慧交通的核心基础。

1. 高精度地图和定位技术

高精度地图,也常称为 HD 地图(High Definition Maps),指绝对精度和相对精度均在 1 米内的高精度、高新鲜度、高丰富度的电子地图,含有道路类型、曲率、车道线位置等道路信息,路边基础设施、障碍物、交通标志等环境信息,以及交通流量、红绿灯状态信息等实时动态信息,其相较于普通导航地图包含更丰富、更精确信息的地图。这些地图不仅仅提供道路的位置信息,还能提供道路的宽度、标线类型、交通信号灯的位置、路口的具体形态等详细数据。HD 地图的精确度可以达到厘米级别,远超传统导航系统使用的地图。高精地图是自动驾驶不可缺少的基础设施,为自动驾驶提供定位、感知、决策、控制的数据支撑。高精地图可以分为静态层、准静态层、准动态层以及动态层四个层级,其中准动态层和动态层要求更新频率达到实时级别,适用高阶自动驾驶场景。高精度地图的制作过程分为地图采集、点云地图制作、地图标注、地图保存 4 个步骤,其中地图数据采集是最基础的一环,也是保障数据质量最根本的一环,占据整个制作流程的大半成本。数据采集有众包采集和集中采集两种方式,目前比较成熟的多样化采集方式为"专业采集 + 众包采集"。高精地图是 L3 级及以上自动驾驶的标配,在感知、定位、规控、实景导航座舱域等环节赋能智能网联汽车,应用于自动驾驶、泊车、无人驾驶等场景。

无论是全球导航卫星系统(Global Navigation Satellite System, GNSS)还是惯性导航系统(Inertial Navigation System, INS),自动驾驶定位系统的误差都不可避免,定位结果通常偏离实际位置。引入地图匹配可以有效消除系统随机误差,校正传感器参数,弥补在城市高楼区、林荫区、立交桥、隧道中GNSS定位长时间失效而INS误差急剧增大的定位真空期。

地图匹配定位技术是指将自动驾驶汽车行驶轨迹的经纬度采样序列与高精度地图路网匹配的过程。地图匹配定位技术将汽车定位信息与高精度地图提供的道路位置信息进行比较,并采用适当算法确定汽车当前的行驶路段以及在路段中的准确位置,校正定位误差,并为自动驾驶路径规划提供可靠依据。地图匹配定位是在已知汽车位姿信息的条件下进行高精度地图局部搜索的过程。首先,利用汽车装载的GNSS和INS做出初始位置判断,确定高精度地图局部搜索范围。然后,将激光雷达实时数据与高精度地图数据变换到同一个坐标系内进行匹配,匹配成功后即可确认汽车定位信息,地图匹配定位流程如图3-2所示。

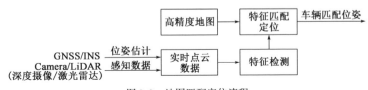

图3-2 地图匹配定位流程

高精度地图的预制是地图匹配的基础,需包含特征明显的结构化语义特征和具有统计意义的信息。高精度地图中常用于地图匹配的特征,主要包含车道线、停止线、导流线、路灯、电线杆等特征明显的物体,同时还包括平均反射值、方差及平均高度值等具有统计意义的信息。当自动驾驶系统的GNSS和INS出现较大误差时,汽车会根据实时感知数据进行环境特征的检测,主要检测对象是地面上的车道线与杆状物,并从高精度地图对应位置范围内提取对应的元素。实际匹配过程中,系统将检测出的车道线、护栏等道路特征与高精度地图提供的道路特征进行对比,修正汽车的横向纵向定位。

总之,高精度定位及高精度地图共同赋予汽车自动驾驶的定位基础能力。高精度定位与高精度地图紧密联系,高精度定位通过 GNSS 与 INS 的组合使汽车拥有自我感知的能力,高精度地图匹配激光雷达等传感器获得相对环境位置,二者互为安全冗余,增强系统整体鲁棒性。

2. 通信和数据交换技术

"路空一体"通信和数据交换技术,是指在地面(路)和空中(空)之间实现无缝通信和数据交换的技术体系。这种技术体系在现代智慧城市建设、智能交通系统、无人机航空管理等多个领域中发挥着至关重要的作用。它不仅能够提高信息传递的效率和准确性,还能够实现复杂环境下的多维度信息融合与处理,是实现路空一体化管理和服务的基础。

通信和数据交换技术的核心在于构建一个高速、可靠且安全的通信网络,这一网络不仅要求能够在地面和空中设备之间提供高速的数据传输,还需要保证在各种环境和条件下的稳定性和安全性。随着 5G 和 6G 技术的发展,无线通信技术已经成为实现这一目标的关键驱动力,无线通信技术不仅提供了更高的数据传输速率和更低的延迟,还通过采用大规模多输入多输出(Multiple Input Multiple Output,MIMO)、波束成形等技术,显著提高了频谱利用率和通信质量。卫星通信技术则为路空一体通信网络提供了全球覆盖的能力,特别是在地面基站无法覆盖的偏远地区或海上,卫星通信成为连接这些地区与世界其他地方的重要桥梁。通过高轨道和低轨道卫星网络的结合,卫星通信技术能够确保在任何地点、任何时间都有可靠的通信连接,这对于紧急救援、航空、远程监测等应用至关重要。

"路空一体"建设是一个高度集成的数据集合管控体系,旨在通过先进的信息技术和通信手段,实现道路交通和空中交通的无缝对接和高效管理。为了确保通信的稳定性和高效性,会采取多种措施来加强路空环境中的通信网络。首先,通过在无人车、无人机以及路侧设施中安装各种传感器和执行器,可以实时监测和收集交通状况、天气信息、车辆状态等关键数据。这些设备利用物联网技术,将收集到的数据通过无线网络传输到中央处理系统,实现数据的实时共享和分析。其次,为了提高通信的可靠性,还会采用多种通信技术,如4G/5G网络、Wi-Fi、蓝牙、射频识别等,确保在不同的环境和条件下都能保持稳定的数据传输。同时,通过设置冗余通信路径和备份系统,即使在某一通信节点出现故障时,也能够通过其他路径继续进行数据传输,保证系统的连续运行。

总之,通信和数据交换技术为"路空一体"通信网络构建提供了技术支撑,能够保障无人驾驶车辆以及无人机等基础交通设施之间的高效可靠的互联互通。

3. 交通管理和数字化控制

交通管理和数字化控制是指运用现代信息技术,如物联网、大数据、云计算和人工智能等,对城市交通系统进行实时监控、数据分析和智能决策的过程。通过高效的信息交互、实时的数据处理、智能化的管理策略、精确的交通预测以及优化的路网布局,提升运输效率,减少交通拥堵,提高交通安全,并为交通规划和管理提供全面、精确的数据支持,从而实现交通系统的智能化、精细化和可持续发展。

交通管理和数字化控制技术的应用体现在多个方面:

在城市交通管理中,智慧公交系统通过实时数据分析,可以优化公交线路布局和班次安排,减少乘客等待时间,提高公交服务质量。在线地图导航系统则可以根据实时交通状况为驾驶者提供最佳路线,避免拥堵,节约出行时间。交通信号灯的优化控制可以根据车流量动态调整信号灯的时序,有效缓解交通压力,提高路口的通行能力。智能停车系统能够引导驾驶人快速找到空闲停车位,减少寻找停车位的时间和车辆循环行驶造成的交通拥堵。对于跨区域性交通,数字化控制技术同样发挥着重要作用。

在高速公路管理中,通过安装智能传感器和监控设备,可以实时监测路况,及时发现并处理交通事故,保障道路畅通。智能计费系统则能够根据车辆行驶的实际路程和时段进行精准计费,提高收费效率,减少人工干预。此外,高速公路的智能车道系统可以根据车流量和车速自动调整车道划分,提高道路的利用率。

在"路空一体"建设中,交通管理和数字化控制技术能够依托自身的数据处理分析能力,实时查询和精确预测体系中车辆以及无人机等装备与设备的具体位置及作业信息,同时能够自动监测交通流量和车辆、无人机的状况,并自动调整装备布局前行的设置,使交通流畅,减少拥堵和事故发生率。

总之,交通管理和数字化控制技术在"路空一体"体系下的应用,不仅能够提升交通系统的运行效率,还能够增强交通安全和应急响应能力。通过智能化的数据分析和决策支持,使交通管理变得更加科学、精准和高效。

4. "路空一体"交通路网数字孪生技术

数字孪生是充分利用物理模型、传感器、运行历史等数据,集成多学科、多物理量、多尺度、多概率的仿真过程,在虚拟空间中完成映射,从而反映相对应的实体装备的全生命周期过程。数字孪生是一种超越现实的概念,可以被视为一个或多个重要的、彼此依赖的装备系统的数字映射系统。从市场看,高速公路运营、城市交通管理等领域数字化转型需求越迫切,在降低管理成本、提升效率方面的诉求越多。同时,自动驾驶、车路协同、路空协同等新兴复杂场景也对数据平台搭建和数据获取精度提出更高要求。

"路空一体"要建设一个实现公路、水路、通航、邮政等交通资源共建共享和一体使用的立体交通大格局,就更加需要数字孪生技术作为支撑,才能够将所有复杂的交通场景以及交通对象尽可能鲜活、逼真地还原。通过交通数字孪生技术的描述、诊断、预测、决策和控制五个基本功能,结合历史和实时数据及时发现人、车(无人机、无人车、无人船)、路(公路、水路、航线、铁路)等环境要素的异常状态,实现整个低空领域交通数字路网的管理与运行。

基于建筑信息模型(Building Information Modeling,BIM)、地理信息科学(Geographic Information Science,GIS)、视频影像等数据源,以及解算、推理、识别等手段,实现由物理世界向孪生世界的静态场景映射,再进一步通过物联网(Internet of Things,IoT)和感知设备获取人、车、灯、闸机等要素实施运行状态信息,构建交通仿真的数字孪生可视化与交互系统"一张图",再现中观和微观的交通流运行过程,支持交通仿真决策算法研发,为拥堵溯源等交通流难题提供可靠的工具,为管理者提供可靠的决策依据。平台包括数据融合对接、基础设施云平台、大数据中心、路空协同业务监督管理等功能,打造规范化、系统化、智能化的智能网联业务应用展示中心以及监督管理运营中心,实现主动自动化预判和识别风险,最大程度降低运营安全隐患。

此外,通过搭建真实世界1:1数字孪生场景,还原物理世界运行规律,满足"路空一体"智能驾驶场景下人工智能算法的训练需求,大幅提升训练效率和安全度。如通过采集激光点云数据,建立高精度地图,构建自动驾驶数字孪生模型,完成厘米级道路还原,同时对道路数据进行结构化处理,转化为机器可理解的信息,通过生成大量实际交通事故案例,训练自动驾驶算法处理突发场景的能力,最终实现高精度自动驾驶的算法测试和检测验证。

(二)"路空一体"网络信息技术

"路空一体"交通相比传统交通对基础设施网、信息网和能源网与交通运输服务网的融合具有更高的天然需求。"路空一体"交通需要依托低速载重飞行器来实现。低速载重飞行器不仅需要依托5G/6G通信、边缘计算等信息融合通信来实现要素感知、路线规划和自动驾驶,而且需要通过设置合理的无人机库为其提供能源补给。

1. 北斗高精度定位

"路空一体"通过北斗技术实现多主体、跨域、异构在全空间定位、导航、监视体系融合。地面车辆北斗高精度定位能力实现车道级导航功能,通过高精度定位还原车辆正常行驶过程中所在车道,精准提供转弯、变道等导航信息。低空航空器借助北斗全球定位导航能力和北斗短报文通信能力,实现在低空领域大范围监视。以"北斗+5G"多模块技术建设低空监视通信系统,能有效提升"路空一体"的网络跨域安全和全域覆盖,实现"路空一体"综合保障能力。

从改革开放新时期到我国发展进入新时代,从北斗一号到北斗三号,从双星定位到全球组网,从覆盖亚太到服务全球,北斗系统日渐成为面向全球用户,提供全天候、全天时、高精度定位、导航与授时服务的重要新型基础设施。为了弥补卫星导航的不足,综合天基、空基、陆基以及其他各类导航资源,形成陆、空、天、水下、室内外一体全域覆盖的高精度时空统一服务体系——定位、导航、授时体系(Positioning-Navigation-Timing,PNT体系)。PNT体系以多种信息技术为支撑,成为担负起国家时空基准建立、维持、传递,时空信息播发与获取,定位、导航、授时服务任务的国家信息基础设施。

北斗卫星导航系统作为国家自主建设的全球系统,无疑是我国PNT体系的基石和主体。同时,还需发展诸如脉冲星导航在内的深空导航技术、低轨卫星增强技术、室内定位技术、地基/空基增强技术。水下部分还需声呐、重力匹配、惯性导航系统等技术的加持。有了以上技术的支撑,以组合、融合、网络化的方法就能构建满足地面、水下甚至深空的导航定位授时服务。未来构建综合PNT体系,将无缝覆盖室内外导航定位服务,真正实现陆海空天一体化的时空信息服务,如图3-3所示。

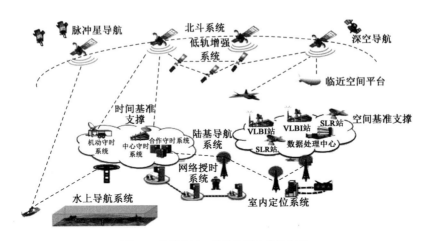

图 3-3　陆海空天一体化的时空信息服务

2. 5G/6G 通信技术

"路空一体"网络信息体系以地面网络为依托,以天基网络为拓展,综合天基网络覆盖广、地面网络能力强的优势,实现网络立体化部署与协同运用,能够为用户提供全球泛在的网络信息服务能力,已经成为面向 2030 年的 6G 网络和未来网络演进的重要选项,在世界范围内激发越来越多的创新投入。第三代合作伙伴计划(3rd Generation Partnership Project,3GPP)针对 5G 网络拓展卫星接入场景,已经布局天地融合的非地面组网架构和协议方案研究;多个国家政府和公司在着手开展 6G 移动网络研究,并纷纷将天地一体化组网作为实现万物互联的关键技术;国际电信联盟(International Telecommunication Union,ITU)则面向全场景应用,积极开展天地一体、高效组网、内生安全的未来网络架构协议及关键技术研究。可以预见,"路空一体"信息网络体系架构的研究,将会成为驱动 6G 网络和未来网络建设及发展的重要原动力。

基于 5G/B5G 网络的通信和无人机感知一体化系统场景如图 3-4 所示。

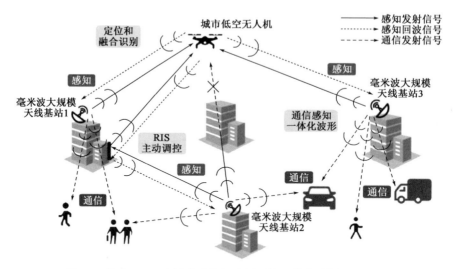

图 3-4　基于 5G/B5G 网络的通信和无人机感知一体化系统场景示意图

针对"路空一体"的迫切需求,新型信息网络要能够在任何地点、任何时间、以任何方式提供信息服务,满足天基和地面各类用户的接入与应用。随着业务融合和部署场景需求的不断扩展,地面网与卫星网络具有极强的互补性,构建统一融合的地空一体信息网络成为 B5G/6G 通信网络重要的发展趋势。天地融合网络架构应具备动态可重构特性,才能形成高效能、无阻塞的多维多域异构网络柔性互联能力,实现按需组网、高效的多域多维度的网络管控。

3. 边缘计算技术

边缘计算是当前"路空一体"技术领域的一个关键发展方向,旨在将数据处理能力带到数据产生的源头,即网络的"边缘"。这种分布式计算范式的目的是减少延迟,提升实时处理能力,并减轻云中心承担的数据传输负担。在许多要求高实时性的应用场景中,如 IoT、自动驾驶汽车及实时分析,边缘计算已成为不可或缺的组成部分,如图 3-5 所示。

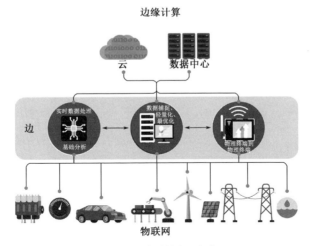

图 3-5　边缘计算应用架构

　　边缘计算的核心特点包括接近数据源处理,以减少数据传输距离和时间,提高系统的冗余和容错能力,从而使其在云连接中断的情况下也能保持运行。此外,边缘计算支持水平扩展,通过增加边缘设备或服务器以应对增长的处理需求。在安全方面,边缘计算通过本地数据处理,降低了数据在传输过程中被拦截的风险,同时也支持实时数据处理和决策,这对于自动驾驶汽车和工业自动化等应用尤为关键。

　　边缘计算的应用领域广泛,包括但不限于物联网设备的实时数据处理、自动驾驶汽车的即时决策支持、智慧城市的交通管理和环境监测、生产线的预测性维护和自动化等的应用。通过将计算能力布置在网络的边缘,边缘计算不仅提高了处理效率,减少了延迟,还通过减少对中心云资源的依赖,提高了系统的整体可靠性和安全性。

　　边缘计算的引入,对于实现高效、安全的"路空一体"交通体系至关重要。

　　在自动驾驶领域,边缘计算能够实时处理车辆传感器生成的大量数据,为驾驶决策提供即时支持,显著提升行车安全和效率。

　　在低空经济领域,如无人机配送服务,边缘计算能够实时处理飞行数据,确保无人机在复杂环境中的稳定飞行,同时优化配送路径,减少配送时间。

在真实的"路空一体"场景中,需求是非常复杂且多样的。例如,有的场景需要根据实时局部信息快速分析计算并将结果反馈给周边车辆或无人机,如危险路况避让、交通事故预警;有的场景需要汇总全局信息,俯瞰大局统一分析,如交通态势分析、道路限行控制。可以明显看出,路空协同对于实时性的要求是非常高的,而边缘计算则可以满足这个要求。因为边缘计算服务器可以发挥近距离部署的优势,及时获取路况信息,如果是紧急事件,就直接下发给车、机/路设备,提醒各方及时处理。只有遇到可能影响全局的数据,才上报到云端,由云计算中心处理。

边缘计算不仅提高了数据处理的实时性和效率,还通过减少数据传输,降低了安全风险。本地数据处理减少了数据在传输过程中被拦截的可能性,从而增强了数据安全性。此外,边缘计算还支持水平扩展,即通过增加边缘设备或服务器来应对处理需求的增长,这对于支撑"路空一体"系统的快速发展和低空经济的扩张至关重要。随着技术的进步和应用场景的扩展,边缘计算将在未来的数字化转型中发挥越来越重要的作用。

三、"路空一体"通用装备与设备技术

(一)飞行汽车

飞行汽车是指面向低空智能交通和立体智慧交通的载运工具,主要包括电动垂直起降航空器和陆空两栖汽车两大类型。飞行汽车将开启低空物流和出行的低空智能交通新时代,是汽车电动化、智能化之后的必然发展,是对经济社会具有全局带动和重大影响作用的未来产业。

汽车电动化、智能化技术的发展,为航空电动化和智能化技术的发展奠定了较好的基础,促使航空飞行器设计正在发生革命性的变化。基于电动化技术的垂直起降飞行器(eVTOL)可以实现分布式推进,大幅提

高安全冗余度,有效降低噪声和成本;而智能化技术的应用将突破飞行器规模化和大众化应用的驾驶瓶颈,并有效避免人工驾驶导致的安全性问题。载物载人 eVTOL 成为航空业大众化的重大历史机遇,将有望和汽车一样成为具有大众化属性的交通载运工具。飞行汽车的概念内涵也拓展到载物载人 eVTOL 或陆空两栖汽车。大众化的载物载人 eVTOL 是当前飞行汽车研发的主流,不仅受到航空和汽车两大领域的重视,而且成为新兴科技公司研究和资本追逐的热点,如图 3-6 所示。

图 3-6　eVTOL 飞行汽车

动力技术是决定飞行汽车载荷航程的核心技术,对飞行汽车适航安全性具有重要影响。动力系统是飞行汽车的"心脏",发展飞行汽车,动力必须先行。飞行汽车动力主要包括应用于轻型飞行汽车的纯电推进和中重型飞行汽车的混电推进两大类型新能源动力系统,其中混电推进新能源动力的发动机主要是燃料电池、氢氨内燃机和氢氨燃机。电机和电池等是飞行汽车新能源动力系统的核心关键零部件,其技术和产品发展主要来自电动汽车发展的需求牵引。新能源动力系统功率密度低,导致飞行汽车载荷小、航程短,难以满足实用要求,且还存在电安全热安全、低空复杂气象环境、陆空工况等适应性问题。高功率密度、高效率、高适应性的电动化新能源动力技术,是飞行汽车动力技术的研究重点和主要发展方向。

平台技术是决定飞行汽车适航安全性和陆空相容性的关键技术,并对飞行汽车载荷航程具有重要影响。平台技术主要包括飞行汽车的总体设计、结构设计和智能驾驶系统等技术。飞行汽车总体设计主要通过分布式多旋翼推进、分布式多涵道风扇推进及倾转多旋翼或多涵道风扇推进的综合气动布局和平台构型,实现高升力或高推力。飞行汽车结构设计的核心在于轻质车体或机体结构设计技术,主要包括车身或机身轻量化等。对于陆空两栖飞行汽车来说,在构型上需要突破飞行器与汽车融合技术,实现底盘结构轻量化和多维多姿态碰撞安全性。飞行汽车智能驾驶系统与智能汽车驾驶系统技术类似。由于气象环境严重影响低空飞行的安全性,飞行汽车还须具备低空气象环境的感知、决策与控制能力,在遇到不确定情况或错误时,飞行汽车无法像地面行驶汽车一样停在路边,必须提供应急恢复模式确保安全降落停靠。对于陆空两栖飞行汽车来说,智能驾驶系统技术不仅需要满足空中和地面智能驾驶的需求,还要突破飞行与地面行驶自由切换等技术瓶颈。高升力构型、轻质结构、高适应性的智能化陆空两栖平台技术,是飞行汽车平台技术的研究重点和主要发展方向。飞行汽车行驶图如图3-7所示。

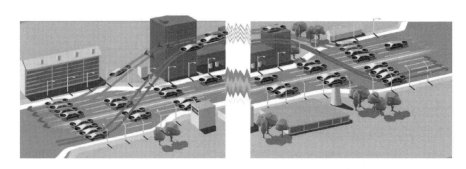

图3-7 飞行汽车行驶图

交通技术是支撑飞行汽车实际使用的关键技术。正如汽车出行需要有道路及道路交通管理体系一样,城市空中交通和城乡空中交通的低空物流或出行,需要有包含气象信息的低空智能交通路网等基础设施和运行管理体系来支撑。低空智能交通网络技术与云技术融合,提供全域态势感知能力,是支撑飞行汽车安全高效运行的关键技术。需要突破地面道路与数字化空路融合技术,建设"路空一体"的立体智慧出行解决方案和运营体系,为三维立体智慧交通提供支撑和保障。安全高效、云网融合、"路空一体"的立体化三维智慧交通技术,是飞行汽车交通技术的研究重点和主要发展方向。

(二)无人汽车

无人车将在多个领域都有重要应用。在公共交通领域,无人车可以被用作公共交通工具,提供更高效、灵活和可靠的出行服务,它们可以在设定的路线上运行,满足乘客的需求,减少交通拥堵和碳排放,同时提供更舒适和安全的乘坐体验;在物流和货运领域,无人车可以实现货物自动运输和配送,可以根据订单需求和交通情况,选择最佳的路线和交付时间,提高效率和准确性,减少人力成本;在出行服务领域,无人车可以提供个人出行服务,如代步工具、共享出行和专车服务,用户可以预订无人车,根据需要选择目的地,享受便捷、自主的出行方式。

在技术层面,无人驾驶系统包含的技术范畴很广,是一门交叉学科,包含多传感器融合技术、信号处理技术、通信技术、人工智能技术、计算机技术等。若用一句话来概述无人驾驶系统技术,即"通过多种车载传感器[如摄像头、激光雷达、毫米波雷达、全球定位系统(Global Positioning System,GPS)、惯性传感器等]来识别车辆所处的周边环境和状态,并根据所获得的环境信息(包括道路信息、交通信息、车辆位置和障碍物信息等)自主做出分析和判断,从而自主地控制车辆运动,最终实现无人驾驶",如图3-8所示。

(三)无人机

无人机指机上无人驾驶,利用无线电遥控设备或程序控制的,借助动力装置能够携带任务载荷执行一定飞行任务的航空器。按照总体构型的不同(通常指机翼构型的不同),主要分为固定翼无人机、旋翼无人机和其他翼型无人机,如图3-9所示。

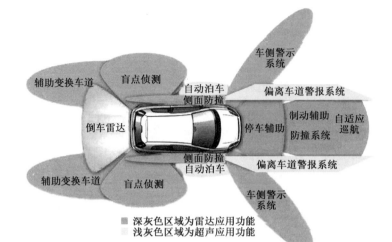

图 3-8　无人车自动驾驶系统组成图

图 3-9　无人机种类图

1. 固定翼（Fixed-wing）无人机

固定翼无人机是指机翼位置、后掠角等参数固定不变，由无人机前向空速和机翼形状产生升力的航空器。固定翼无人机的机体结构通常由机翼、机身、尾翼和起落架组成。机翼是飞机产生升力的部件,机翼后缘有可操纵的活动面,靠外侧的叫作副翼,用于控制飞机的滚转运动,靠内侧的则是襟翼,用于增加起飞着陆阶段的升力、着陆时的阻力以及提供更大的上升、下降坡率,机翼下面可以用于挂载附加设备,起落架通常也安装在机翼下面。机身是飞机其他结构部件的安装基础,将尾翼、机翼及发动机等连接成一个整体。装载设备部件和任务载荷尾翼是用来平衡、稳定和操纵无人机飞行姿态的部件,通常包括垂直尾翼(垂尾)和水平尾翼(平尾)两部分,垂直尾翼由固定的垂直安定面和安装在其后部的方向舵组成,水平尾翼由固定的水平安定面和安装在其后部的升降舵组成,方向舵用于小幅度控制并修正无人机的航向运动。升降舵用于控制无人机的俯仰运动。起落架是用来支撑无人机停放、滑行、起飞和着陆滑跑的部件,主要由支柱、缓冲器和收放机构组成,部分还包括制动装置、机轮。

2. 旋翼(Rotor)无人机

旋翼无人机根据旋翼的数量又可分为单旋翼(直升机)和多旋翼无人机。每个旋翼由其轴末端的电动机转动,带动旋翼从而产生上升动力。单旋翼无人机由旋翼提供升力,通常尾部具有克服阻力转矩的小旋翼,通过控制旋翼的总距和周期变距来实现无人机的空间运动。多旋翼无人机同样由旋翼提供升力,通过组合改变不同旋翼的转速,产生不同的升力和转矩,来完成对无人机的控制。旋翼无人机结构主要由机体和旋翼两部分组成。机体部分用来装载飞行控制设备、能源设备等外部设备,单旋翼通常留有尾部,用于安装小旋翼或舵面,多旋翼机身则向四周延伸机臂,用于安装旋翼。多旋翼的旋翼对称且均匀地安装在机臂支架后端,旋翼高度一致,距离机体中心的半径相等,结构相同。

3. 其他翼型无人机

其他翼型无人机主要区别于上述两种传统翼型的无人机平台,主要包括扑翼无人机、伞翼无人机、滚翼无人机和复合翼无人机等。其中复合翼无人机主要指固定翼和旋翼混合布局，以实现垂直起降兼高速巡航等功能。

（四）无人船

无人船是无人水面航行器的简称。广义的无人船是指一种可执行某类指定任务，并基于任务目的进行功能、性能设计的水面机器人；狭义的无人船则是指具有一定机动能力的水面自主、半自主、遥控搭载体。无人船是船舶行业的前沿科技，和无人车、无人机相比，无人船技术难度更高。

目前，无人船包括具有自主规划、自主航行、自主环境感知能力的全自主型无人船，以及非自主航行的遥控型无人船和按照内置程序航行并执行任务的半自主型无人船。无人船可以替代人工在海洋中完成耗费时间长、范围大、危险性高的任务。无人船集群平台主体可划分为无人水面船、半潜式无人船和无人水下航行器，如表3-1所示。

无人船种类 表3-1

名称	定义	功能	种类
无人水面船（Unmanned Surface Vessel, USV）	一种无人操作的水面舰艇，是将传统船舶建造技术与无人控制技术相结合的新产物	USV平台主要包括传统意义上的船体部分和上层建筑部分，其技术主要涉及船体、动力、总布局、外观造型等方面。主要用于执行危险以及不适于有人船只执行的任务	
半潜式无人船	结合水面船舶和潜水艇所设计的一种新型航行机器人	由水面浮体的控制系统、支撑架和水下的主艇体三大功能模块构成，其作业的方式类似于潜艇在近自由液面航行的工况，且兼顾水下无人航行器的稳定性和水面无人船精确定位的优点	

续上表

名称	定义	功能	种类
无人水下航行器	一种可以潜入到水下,依靠自身所携带的能源进行驱动的自主式水下无人运动平台,通过搭载不同的任务模块,可以实现不同的功能	无人水下航行器体积较小,隐蔽性强,所需的驱动力较小,造价较低,在使用过程中可以选择近岸投放或者由母机携带到指定位置投放,具有自主巡航或岸基控制等多种工作方式	

智能船舶的智能模块分为智能航行、智能船体、智能机舱、智能能效管理、智能货物管理和智能集成平台六个部分,而信息感知技术、通信导航技术、能效控制技术、航线规划技术、状态监测与故障诊断技术、遇险预警救助技术、自主航行技术七大技术在六大模块中发挥着重要的作用,为智能船舶的正常运行提供有力保障。

1. 信息感知技术

船舶信息感知是指船舶能够基于各种传感设备、传感网络和信息处理设备,获取船舶自身和周围环境的各种信息,包括船舶航速、航向、时空位置等的变化,使船舶能够更安全、可靠航行的一种技术手段。目前,常用的船舶信息感知技术手段有雷达、船舶自动识别系统(Automatic Identification System, AIS)、全球定位系统、闭路电视系统(Closed Circuit Television, CCTV)等。

信息感知技术是智能技术的基础,在智能模块中负责信息收集,为智能分析提供数据基础。例如,在智能航行模块中,信息感知技术利用传感器、通信、物联网、互联网等技术手段,自动感知和获得船舶自身、海洋环境、物流、港口等方面的信息和数据,供航行中心进行大数据处理、计算机分析和自动控制;在智能船体模块中,信息感知技术实现了对船体结构安全参数的监测以及海洋环境参数监测,从而对智能船体起到支持的作用;在智能能效管理模块,信息感知技术负责船舶能效在线智能监控并进行数据反馈。

2. 通信导航技术

通信导航技术是运用各种技术手段用于实现船舶上各系统和设备之间，以及船舶与岸站、船舶与航标之间的信息交互，从而通过航位推算、无线电信号、惯性解算、地图匹配、卫星定位及多方式组合，以达到确定运载体的动态状态和位置等参数的综合技术。通信导航技术可细分为船舶通信技术和船舶导航技术两个部分。通信导航技术对智能船舶的线路规划和航行起到重要的作用。在智能航行模块中，通信导航技术实现船、岸、船-船之间联系，协助船舶在开阔水域、狭窄水道、复杂环境条件下自动避碰。而在非航行模块中，通信导航技术也能够提供信息传递的功能，例如在智能能效管理模块中，通信导航技术能够将能耗、航速、纵倾角等多维度多渠道信息汇总传递至控制决策中心。

3. 能效控制技术

能效控制技术也称船舶能效管理控制计划，是通过对能效指标进行分析和汇总整理，指导船舶能效因素（航线设计、航速、船舶浮态、动力设备）和人员培训等技术措施的改善，最终实现减少排放、提高能效目的的技术手段。能效控制技术服务于智能能效管理模块。通过信息感知技术采集和通信导航技术传递的船舶航行状态、耗能状况信息，结合航线特点、燃料消耗、经济效益等评估结果，提供基于不同目标的航速优化方案，为船舶能效管理提供辅助决策建议。

4. 航线规划技术

航线规划技术是指船舶根据航行水域交通流控制信息、前方航道船舶密度情况、公司船期信息、航道水流分布信息、航道航行难易信息，智能实时选择船舶在航道内的位置和航道，以优化航线，达到安全高效、绿色环保的方法。目前常用的航线规划方法包括线性规划方法、混合整数规划模型、遗传算法、模拟退火算法、粒子群优化算法等。航线规划技术主要体现在智能航行模块中航路设计和优化,通过航线计划、航线监控、自动避碰等功能,让船舶的海上运输更加安全高效,从而缩短运输航程,降低燃料消耗。

5. 状态监测与故障诊断技术

状态监测与故障诊断技术由两部分组成,状态监测技术是以监测设备振动发展趋势等技术为手段,判断设备是处于稳定状态或正在恶化;故障诊断技术就是在船舶机械设备运行中或基本不拆卸设备的情况下,判断被诊断对象的状态是否处于异常状态或故障状态,以及劣化状态发生的部位或零部件,并判定产生故障的原因,并预测状态劣化的发展趋势等。状态监测与故障诊断技术的应用领域主要在智能船体和智能机舱两大模块。该技术基于采集数据结果,能够实现全生命周期对船体、主机等关键配套的监控,定量评估使用情况,并结合辅助决策系统提高船体和设备安全性,减少维修费用。

6. 遇险预警救助技术

船舶遇险预警及求救系统是指船舶在遭遇恶劣海况、天气或其他特殊情况时能够对船舶航行姿态进行实时监测和预警,并能在船舶发生倾覆等突发情况时自动向监控中心或周围船舶发出求救信号,指引搜救人员和船舶前往遇难遇险船舶开展救助的方法手段。遇险预警救助技术是智能集成平台以及智能货物管理模块所搭载的关键技术。该项技术减轻了海上环境监测对人员的依赖性,并提高了风险预警率,及时控制事故的蔓延,提升工作效率和船上人员财务的安全性。

7. 自主航行技术

智能航行指利用计算机技术、控制技术等对感知和获得的信息进行分析和处理,对船舶航路和航速进行设计和优化;借助岸基支持中心,船舶能在开阔水域、狭窄水道、复杂环境条件下自动避碰,实现自主航行。且主航行技术是智能船舶实现无人驾驶的关键所在。但由于自主航行的可靠性和稳定性需要经过长时间的真实环境下的反复测试,并且还需要与之配套的国际和国内水上交通法律、法规的修改和完善,因此,距离无人驾驶船舶大规模的投入生产和营运还有较长的一段时间,自主航行属于尚未实现的高级功能。

综上所述,智能船舶七项关键智能技术在船舶各大智能模块的体现如表 3-2 所示,可以看到,信息感知与通信导航是目前智能船舶最为核心的智能技术,而智能集成平台是各关键技术的连接中心。

关键智能技术在船舶各大智能模块的体现　　　表 3-2

智能技术	智能模块					
	智能航行	智能船体	智能机舱	智能能效管理	智能货物管理	智能集成平台
信息感知技术	√	√	√	√	√	√
通信导航技术	√	√	√	√	√	√
能效控制技术			√			√
航线规划技术	√					
状态监测与故障诊断技术		√	√			√
遇险预警救助技术					√	√
自主航行技术	√					√

(五)无人装备协同及一体化发展

无人装备由单个无人平台设备或多个无人平台设备构成,能够自主或通过远程操控完成指定任务,高度融合机械化、信息化和智能化平台形成智能无人系统设备,包括单个的无人飞行器、无人车辆、无人舰船、无人潜水器等典型对象。多机器人、多运动体以及多系统之间的协同操作将分布式的多无人平台连接起来,形成一个基于网络空间有机联系的复杂系统,能够实现时间、空间、模式和任务等多维度的有效协同,最终形成对目标的探测、跟踪、识别、智能决策和行为及评估的完整链条。

1. 车路协同

在路域方面的协同发展即为车路协同。车路协同是基于车联网实现人车路协同控制的智能交通系统。车联网是以行驶中的车辆为信息感知对象,借助新一代信息通信技术,实现车与X(即车与车、人、路、服务平台)之间的网络连接,提升车辆整体的智能驾驶水平,为用户提供安全、舒适、智能、高效的驾驶感受与交通服务,同时提高交通运行效率,提升社会交通服务的智能化水平。

车路云一体化系统也可称为车路云一体化融合控制系统/智能网联汽车云控系统,它是对已形成行业共识的智能网联汽车产业发展中国方案的简洁描述。车路协同系统由三部分构成,分别是路侧设备、车载设备和云端系统。

(1)路侧设备(Road Side Unit,RSU)

安装在道路上的终端,如智能红绿灯、摄像头、毫米波雷达等;负责采集道路状况、交通状况等信息,并将信息传递至车端或有信息请求的车载端。

(2)车载设备(On Board Unit,OBU)

安装在车辆的终端设备,包括感知传感器、通信设备和控制系统;负责控制车辆自身状态、传输并展示信息、感知周围环境并加强行车安全的单元。

(3)云端系统

具备数据存储、计算和决策功能,包括决策平台、指挥中心、云基础设施等。

车路协同通信方式采取C-V2X(Cellular Vehicle-to-Everything)技术,其中C是指Cellular蜂窝网络,C-V2X是指基于蜂窝网络通信技术形成的车用无线通信技术,包括两种通信接口:①PC5:用于车、人、路之间短距离直接通信接口,不与公网通信,类似于蓝牙技术。②Uu:终端和基站之间的通信接口,可实现长距离和更大范围的可靠性通信,类似于手机通信。

无人车协同云控平台如图3-10所示。

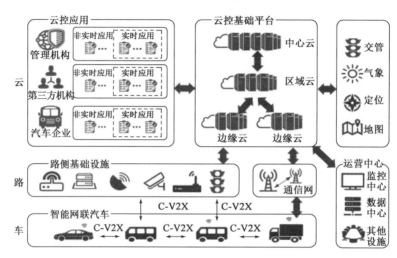

图3-10　无人车协同云控平台示意图

2.无人机协同飞行

无人机协同飞行控制技术的理论基础涉及多智能体系统、控制理论、图论等多个学科。协同控制的目标是实现多架无人机之间协同、高效、安全地完成任务。无人机协同飞行控制技术通过强化传感器技术、加强自主控制系统设计、使用远程控制技术、应用自主飞行模式以及维持设备性能和稳定性等策略和技术,来应对复杂多变的环境。这些技术和策略共同提高了无人机在复杂环境中的飞行稳定性和安全性,推动了无人机协同飞行控制技术在各个领域的应用和发展。

（1）强化传感器技术

传感器是无人机感知外部环境的关键设备。在复杂多变的环境中,无人机需要依赖气压计、航向仪、陀螺仪等多种传感器来获取精确的环境数据。这些传感器可以提供关于位置、高度、速度、方向等信息,帮助无人机进行精确的导航和定位。同时,通过引入自适应控制算法,无人机可以实现对自身状态的自动校正和误差修正,进一步提高飞行稳定性。

(2)加强自主控制系统设计

自主控制系统是无人机的核心部分,负责决策和执行飞行任务。在复杂多变的环境中,自主控制系统需要设计合理的控制算法和飞行路径规划,以确保无人机能够安全、有效地完成任务。此外,加强系统的计算能力和算法的鲁棒性也是应对复杂环境的关键。这可以帮助无人机在面对突发的环境变化时,快速做出反应,保证飞行的稳定和安全。

(3)使用远程控制技术

在复杂环境下,飞手可以通过无人机的远程控制技术,在安全位置操纵无人机。这种技术可以帮助飞手实时观察无人机的飞行情况,根据环境变化做出及时的决策。同时,远程控制也有助于保护飞手和设备,并降低其在复杂环境中的风险。

(4)应用自主飞行模式

在复杂多变的环境中,无人机可能会面临信号丢失或通信中断的情况。此时,自主飞行模式可以帮助无人机在没有信号或通信中断的情况下,继续执行指定的任务。这种模式可以帮助无人机应对复杂的气候和地形条件,提高飞行的灵活性和安全性。

(5)维持设备的性能和稳定性

在复杂多变的环境中,无人机及其相关设备、技术性能都可能受到影响。因此,在操作无人机之前,需要对无人机进行全方位的检查和维护,确保其性能和稳定性。同时,在使用过程中,需要实时监控设备的温度、电池电量等关键参数,并进行防水、防尘等操作,以确保设备能够在复杂环境中稳定、可靠地运行。

(6)无人机集群协同技术

无人机集群是由一定数量的单一功能或者多功能无人驾驶飞行器组成的空中移动系统,其以交感网络为基础,具有整体作战能力涌现和行为可测、可控、可用的特点。无人机集群可分为单层和多层蜂群,每个无人机蜂群提供实时数据记录和处理功能,其核心处理层在基站或者云端,无人机集群自组网技术方案如图 3-11 所示。

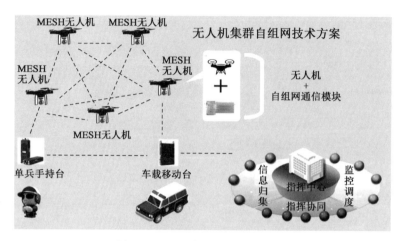

图 3-11　无人机集群自组网技术方案

3. 水域无人系统协同

目前,水域无人系统被全球多个发达国家和地区作为重点发展对象,其用途在不断拓展,如应用于海洋科考、资源勘探、水上安全保障等领域,承担水文探测、应急搜救、情报搜集、监视侦察等任务,推动了水域有人系统平台的少人化、无人化、自主化、智能化发展进程。水域无人系统平台以无人船艇等航行器为载体,以涵盖智能感知、智能航行、协同控制、网络安全等关键内容的技术体系为支撑,可以实现自主航行、协同编队等各项作业任务。

水域无人系统协同主要包含了协同覆盖路径规划技术、多无人船艇协同控制技术以及无人机-无人船艇-水下机器人跨域协同技术等。其中,区域全覆盖路径规划(Area Coverage Path Planning,ACPP)是根据任务需求,为航行器/运动物体规划一条覆盖给定区域或空间的最短路径。无人船艇及自主水下机器人等多个协同作业单元已被广泛用于搜索和救援行动中。多个协同单元联合作业,可显著提高区域覆盖作业效率、缩短完成任务的时间。当发生海上事故时,能够在最短的时间内有效地扫测事故区域,赢得救援时间。水域无人船舶协同平台如图 3-12 所示。

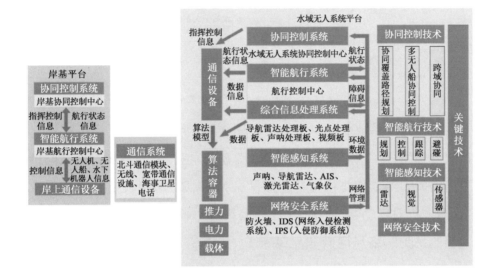

图 3-12　水域无人船舶协同平台

四、"路空一体"配套与安全保障技术

(一)通信网络安全保障

随着海陆空协同向自动化、智能化趋势发展,越来越多网络安全问题及风险也显现出来。

此处以水域无人系统平台网络为例介绍,如图 3-13 所示。水域无人系统平台网络可分为两类:第一类是用于信息收集和信息管理服务的网络,如用于海事卫星电话及岸基通信系统,此类网络通常称为信息网络(IT 网络);第二类是负责采集、监视和控制航行器的运行状态,服务于水域无人系统平台中协同控制系统的网络,称为控制网络。

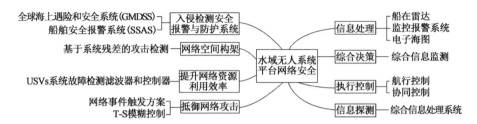

图 3-13　水域无人系统平台网络安全分类

水域无人系统平台网络结构如图 3-14 所示。岸基平台的威胁包括软件漏洞、病毒、恶意软件、木马、键盘记录程序等；各航行器之间的通信链路的安全威胁包括口令破解、身份欺骗、跨层攻击和多协议攻击；无人机的传感器、通信、软件和网络等方面易受网络风险攻击；无人船艇易受网络风险攻击的系统包括 GPS、ECDIS（电子海图）、AIS 等。随着网络技术的深入应用，水域无人系统平台网络风险来自更多的方面，如程序中的操作错误、软件缺陷、未经授权访问的系统入侵等问题，当平台的传感器测量和控制命令通过网络通道传输时，会存在通信延迟、数据包丢失现象。目前，在水域无人系统平台网络安全研究中，网络安全防护措施是针对各航行器的网络特点来制定的。在网络层与网络层连接处设置网络防火墙，尤其是在与卫星通信的接口处设计严格的进出规则，对出入口流量进行监控与限制，使攻击者接触不到水域无人系统平台核心的控制网络，从而保证水域无人系统平台网络安全。

对于绕过卫星通信，直接针对航行器实体进行的局域网攻击，目前的防御手段通常是建立入侵检测与安全报警与防护体系。例如，全球海上遇险和安全系统（Global Maritime Distress and Safety System，GMDSS）及船舶安全报警系统（Ship Security Alert System，SSAS）针对已知威胁进行的局域网攻击，可以起到良好的报警与防护作用。

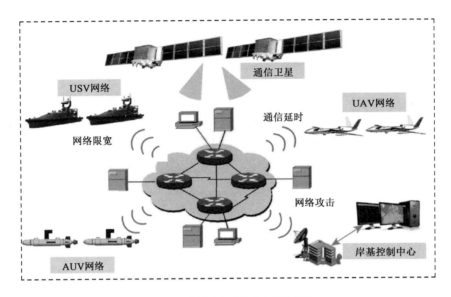

图 3-14　水域无人系统平台网络结构
USV-无人水面船；UAV-无人驾驶航空器；AUV-自动水下机器人

(二)空域与地面保障

"路空一体"的空域与地面保障是确保无人机、无人车、飞行汽车等载运工具在空中和地面安全运行的关键环节。为实现这一目标,需要建立高效的空域管理系统,明确飞行区域限制和飞行高度限制,采用先进的飞行管制技术,确保空中交通的有序进行。同时,还要发展智能的空中交通管理系统,集成无人机交通管理技术,确保不同载运工具之间的避碰和协同飞行。为此,需要建立可靠的通信和导航系统,采用卫星导航技术,确保飞行器的准确定位和及时通信。此外,还需制定适用的安全标准和法规,规范载运工具的设计、制造和操作,以确保交通系统的安全性。最终,"路空一体"的成功发展需要政府、行业和技术提供商的合作,共同建立全面的保障体系,以确保未来交通系统的安全性和可靠性,推动智慧交通的发展。地面停靠保障平台如图 3-15 所示。

图 3-15 地面停靠保障平台

（三）低空安全保障与管理

1. 低空安全保障方面

"技术-规章-行为"构成了保障飞行安全的"铁三角"，低空运营的安全保障也是如此，即需要技术、规章、行为三管齐下来共同保障。首先，技术包括飞行器设计与制造技术，低空飞行器作为城市空中交通运载工具，仅仅满足飞行器设计制造的一般标准还不够，还要满足多维场景下低空应用对航空器的特殊要求。除了航空器技术，还包括航空器维修维护技术、低空空管技术、空地协同安全管理技术等。其次，要遵循规章规则，按章办事。包括中国民用航空局及其地区管理局、行业组织及协会等民航管理系统发布的民航规章、规则和标准，也包括地方政府发布的相关条例和规章。最后，行为指低空从业者及管理人员的安全管理意识与行为。可以联合行业协会制定低空从业者及管理人员的行为准则，并加强人员培训，这对于保障城市空中交通的低空运营安全至关重要。

2. 低空安全管理方面

低空的安全管理包括飞行安全管理、航空器运维安全管理及航空交通控制安全管理。首先，飞行安全管理是保证低空安全的重要环节。应制定相关的安全规章制度和飞行标准,确保运行人员遵守相关规定和标准。人员培训是安全管理重要的一环,应定期对低空从业者进行培训,持续增强人员的安全意识、技能和素质。其次,航空器运维安全管理是保证低空运营安全的重要保障,相关管理部门要监督和督促低空企业制定相关的运维规定和标准,确保运维人员遵守相关规定和标准,同时要求低空企业运维人员应具备专业的技能和经验。最后,航空交通控制安全管理是低空运营安全的环境保障基础,应制定相关的低空地空协同安全管理规章制度和管理标准,确保飞行器和地面交通之间的有效协调和管理。低空的空中交通控制安全管理与民航运输空管有很大不同,其复杂性、安全因素多元性远超传统的民航空管,不仅要管"空",还要管在城市人流稠密区域频繁的空地往返及空地协同。

第四章 "路空一体"应用场景

"路空一体"是引领未来交通产业变革的重要方向,目前已经在交通领域实现试点示范应用。未来,随着无人装备体系技术的发展和相关设施设备、法律法规的完善,无人装备体系将在交通领域发挥更大作用,支撑交通发展向更加注重速度、质量和效益转变,成为加快建设交通强国、当好中国式现代化开路先锋的先行者。

一、低空经济+旅游

"路空一体"技术在文旅融合中的应用,主要是利用无人机在航拍、安全监控、旅游宣传和营销方面的优势,为游客提供更加多面、直观的旅游体验,提升旅游服务品质。相较于传统旅游体验,通过无人机航拍,可以为游客提供俯瞰全景的视角,让游客欣赏到更加绚丽的风景;同时可以探索难以到达的地域,获得更加开阔的视野,为游客提供更强的感官刺激,增强旅游体验感。

无人机在旅游规划和安全监控方面发挥着重要作用。无人机搭载导航设备和传感器,能够在旅游景点内进行实时监测,及时提供交通状况和路线规划,帮助游客更好地规划行程。

无人机在旅游宣传和营销方面也有着广泛的应用前景。无人机可以用来拍摄旅游景区宣传照片和视频、直播活动,生动地展示旅游景点的独特魅力,提升其知名度,吸引更多游客前来参观,进而带动当地旅游业的发展。

未来,无人机的广泛应用,将大幅提升旅游体验和服务质量,推动旅游经济进一步发展。

此外,依托于"虚拟现实+"技术和文旅行业的融合发展,旅游业将迎来一个全新的未来。通过虚拟现实技术,旅游景点可以被数字化复制和再现,使得用户即便身处千里之外,也能拥有仿佛置身其中的游览体验。"虚拟现实+"技术的应用,还能通过增强现实(AR)等手段,在现实世界中叠加虚拟信息,为游客提供丰富的互动体验和信息服务。例如,通过AR技术,游客在参观历史遗迹时,不仅可以看到遗迹现状,还能看到历史原貌和相关历史故事,这将会极大地提升旅游的教育性和趣味性。此外,"虚拟现实+"技术不仅可以推动交通元宇宙的构建,提升在线数字化沉浸式交互空间的运营能力,而且可以借助数字孪生和复刻等技术,实现线上线下双重体验,为国家沉淀重大数字资产,促进全民科普,实现文化传承与创新发展的双赢。

在促进低空经济与文旅结合的这一过程中,技术创新和应用的不断深化,必将推动旅游业的持续发展和升级,为旅游业注入新的活力和动力。

二、低空经济+物流

(一)无人车物流运输

无人车通过整合自动驾驶技术和智能路径规划,实现了在城市中的快速、自动化配送服务。无人车可以24小时不间断工作,有效提高配送效率,减少人力成本,并解决人力短缺问题。无人车能够自主导航,避开障碍物,安全准时地将货物送达目的地,为快递行业提供了一种创新的解决方案。随着适龄劳动力的不断减少,快递员岗位的缺口也在不断扩大。根据人社部发布的"2022年第四季度全国招聘大于求职'最缺工'

的 100 个职业排行","快递员"职业位居第三名。在这种情况下,无人车的出现可以有效填补快递员缺口,帮助快递网点走出运力不足的困境。这种智能化的配送方式不仅可以提高配送效率,还可以降低人力成本,为快递行业的发展带来新的机遇。

随着科技进步,无人车正在成为快递行业的革新力量,它不仅能实现日送千件的高效配送目标,而且还能确保准时送达,满足行业对大量订单处理和时效性的双重需求。这一创新不仅能够在劳动力短缺的背景下补充快递员的工作,还能有效提升快递网点的运营能力,降低人力成本,为快递行业带来新的增长机遇。

无人车的运作流程展现了其高度自动化和智能化的特点,从自动扫码分拣、包裹自动装袋,到物流袋的精准装车,再到自动驾驶技术带动的安全高效行驶,包括识别红绿灯、避开障碍以及对行人的减速礼让,无一不体现了无人车高度智能化的运行机制。此外,无人车能够在各种天气条件下稳定工作,克服复杂的社区路况,准确无误地完成配送任务,展现出强大的应用潜力和广阔的发展前景。这种智能化配送方式,不仅极大提升了快递配送的效率和安全性,也预示着无人车将在快递行业中扮演越来越重要的角色,引领快递配送服务向更智能、高效、环保的方向发展。顺丰无人物流运输小车如图 4-1 所示。

图 4-1　顺丰无人物流运输小车

(二)无人机物流运输

低空经济被誉为未来经济增长的重要引擎,而低空物流作为低空经济的重要驱动之一,孕育着巨大的市场空间。以无人机技术为依托的低空物流配送,解决了传统物流配送模式中人工成本高、效率低、覆盖面有限的痛点,通过立体化的配送网络提供更快速、高效的"门到门"配送服务,有助于打通城市物流"最后一公里"。

相比于由城市道路构成的运输网络,低空物流最大的优势在于"立体"。依托三维空间发展的物流模式为低空物流容纳更大的运输吞吐量提供了支撑。无人机运输模式具有方便高效、节约土地资源和基础设施投入的优点。在一些城市的交通瘫痪路段、拥堵区域,或地面交通无法畅行的偏远地区,应用常规物流往往耗时长、成本高,而应用无人机运输则能够通过三维立体的物流线路规划,合理利用闲置的低空资源,有效减轻地面交通的负担,缓解交通拥堵和降低交通事故,提高运输配送的可达性。对于农村市场,低空物流开通了无人机物流配送专线以及物资运送绿色通道,充分发挥无人机在交通不便地区的物流配送技术优势;中国民用航空局联合国家邮政局,将无人机物流纳入"快递进村、村村通邮"服务,提升航空物流的覆盖广度、深度,巩固脱贫攻坚成果,助力乡村产业升级。对于城市市场,电商与外卖行业蓬勃发展,城市人口密度大,物流需求量更大,面对城市道路错综复杂的物流环境与交通情况,通过人机协同的形式,帮助骑手实现短时间、长距离订单配送,降低骑手工作难度,补缺人工配送工作死角,还可以帮助骑手解决极端天气等情况下的配送难题,为消费者提供更加便利的服务。

在对低空物流进行科学规划的基础上,综合利用"互联网+无人机"、人工智能等技术和方式,能实现产能协同和运力优化。在盘点、运输和配送等环节中合理地开发利用无人机,衔接配合好其他作业方式,从而发挥协同优势,助力物流行业降本增效。低空物流是对传统物流的有益补充,传统的公路、航空、铁路、管道、水路,加上无人机的末端配送和支线运输,将形成更高效的多式联运模式,推动现代物流的整体效率,使成本和运力得到优化和重构。无人机在低空物流行业的应用场景多样,包括仓储巡检、干线运输、支线分拨、末端配送、应急递送等。无人机载货可以有效缓解地面交通压力、加快货物流通效率,同时加强城市应急保障体系,不断提升居民生活质量。

(三)无人机和无人车协同物流运输

在构建未来的物流网络中,无人机和无人车的协同作用展现出巨大潜力,尤其是在提高偏远地区的物流效率和降低成本方面。这种新型的物流系统不仅能够促进"快递进村"计划的实施,还能实现城乡物流服务网络的无缝对接,推动通用航空物流网络的省际互通、市县互达以及城乡兼顾。

1. 无人机在偏远地区的物流配送

在偏远农村地区,传统物流面临道路不畅和配送成本高等问题。无人机的应用,通过空中快递服务,可以直接将货物从配送中心运送到村庄的集散点,极大缩短配送时间,并显著降低运输成本。这种"快递进村"的模式,尤其适用于地形复杂、交通不便的地区,有效解决了"最后一公里"配送问题,提升了区域内的快捷配送和即时服务能力。

2. 无人车完成地面细分配送

货物被无人机送达集散点后,无人车将接管剩余的配送工作。它们在村庄内部或邻近的几个村庄之间执行地面配送任务,确保每一份货物都能安全、及时地送达收件人手中。无人车在乡村道路上的应用,极大提高了配送的灵活性和效率,实现了真正的门到门服务。

3. 建立城乡互联的物流服务网络

通过在城市社区内、即时配送网络集散点以及偏远地区建设通用航空起降设施，无人机和无人车能够形成一个覆盖城乡的高效物流网络。无人机负责快速连接城市与农村，实现物流的省际互通和市县互达，而无人车则在地面上完成具体的配送工作，实现城乡兼顾的物流服务。

4. 技术与基础设施同步发展

为确保无人机和无人车协同物流网络的顺利实施，技术创新和基础设施建设必须同步进行。这包括改进自动驾驶算法、提高无人机的载重能力、增强无人机和无人车的通信与导航系统等。同时，应加快通用航空起降设施的建设进程，确保无人机和无人车能够在安全的环境中进行货物的装卸和转运。

通过无人机和无人车的紧密协作，未来的物流网络将更加高效、灵活，能够在降低成本的同时，提供更加广泛和深入的服务。这不仅为偏远地区带来了前所未有的物流便利，也可推动农村经济发展和社会进步。随着技术的进一步成熟和基础设施的完善，无人机和无人车协同的物流模式将在更广泛的地区和场景中得到应用和发展，如图4-2所示。

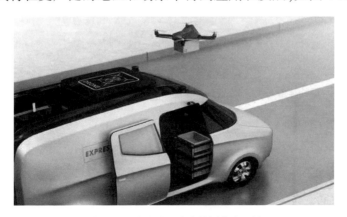

图4-2　无人机和无人车协同物流运输

三、低空经济+城市管理

(一)应急救援

"路空一体"技术在应急救援领域的应用,主要是发挥无人机机动性好、灵活性高、传送信息准确快速的优势,利用无人机开展应急救援中的侦察、勘测、指挥调度、通信中继、应急照明、消防灭火、输送抛投、搜寻救援等任务,提高应急救援效率,降低救援人员的安全风险。目前,天津、内蒙古、黑龙江、江苏、浙江、广东等十余个省(区、市)发布相关规划,提出加强无人机装备配备、完善应急通信网络建设,推动无人机应急救灾常态化。我国国土空间广阔,自然灾害种类繁多,主要包括洪涝、干旱灾害,台风、冰雹、暴雪、沙尘暴等气象灾害,火山、地震灾害,山体崩塌、滑坡、泥石流等地质灾害,风暴潮、海啸等海洋灾害,森林草原火灾和重大生物灾害等。据统计,2022年,各种自然灾害共造成1.12亿人次受灾,因灾死亡失踪554人,紧急转移安置242.8万人次,直接经济损失2386.5亿元。随着我国应急救援力量的全面整合建设,民用无人机也迎来了重大的发展战略机遇期,未来无人机将成为国家救援力量的重要组成部分,在各类自然灾害应急救援中担当开路先锋,通过执行侦查、勘测、输送抛投等任务,为应急救援提供更为精准的信息,更好地保障人民生命财产安全。

"路空一体"技术在医疗救护中的应用,主要是通过"无人机+人工智能"的模式,利用无人机灵活、快速、远程、准确等特点,将医疗设备、药品、病历等物品送到救援现场,同时,利用人工智能技术,通过视觉识别、数据分析等手段帮助医务人员全面、快速地掌握救援现场的情况,并能提供最符合实际的救援方案,解决山区、海岛或者自然灾害区的"第一时间"医疗救助,提高医疗救援的效率和生命救治率,降低医疗救助成本。当前,山西省已经率先在"无人机+人工智能"救援技术上进行了全面的尝试,并改善了当地山区地形复杂、路况不便等问题。未来,"无人机+人工智能"的医疗救助模式将广泛应用,不仅可以缩短"黄金救治时间",还可以对现场状况进行图像识别和数据分析,给救援人员提供更准确的信息和决策参考,协助现场医护人员做出更正确的决策和操作,让他们在分秒必争的救援工作中更加得心应手,如图 4-3 所示。

图 4-3　无人机的基站设置在医院内,可 24 小时待命

(二)城市治理

在当代城市发展的快速演变中,无人机城市管理技术正逐渐成为城市服务和维护的关键工具。随着城管无人机技术的不断进步和普及,无人机在城市管理中的应用日益广泛,为城市的可持续发展和高效运营提供了全新的解决方案。

工作人员只需打开无人机的飞控平台,选择好舱位、飞机,通过地图规划好航线,飞机便可以自主作业,自动归舱充电,实现无人化飞行。

在交通管理领域,无人机通过实时监控交通流量,为缓解交通拥堵提供了快速有效的手段。尤其在高峰时段,无人机的实时数据采集为交通管理部门的决策提供了科学依据,帮助快速响应交通事故,优化交通流线,减少交通延误。此外,无人机还能够对交通违规行为进行监控,提高城市交通的安全性。无人机在城市规划与建设中的应用,提高了城市规划的精确度和效率。通过对城市土地进行高效的航拍,规划师可以更准确地理解城市布局和土地利用情况,为城市发展提供有力的数据支持。在建设现场,无人机的空中监督不仅可以确保工程进度和质量,还能有效预防安全事故的发生,保障施工人员的安全。在环境保护领域,无人机技术的应用提高了环境监测的效率和准确性。无人机可以迅速到达人员难以接近的区域,进行空气质量检测、水体污染监控和垃圾处理效率的评估,为环境管理部门提供实时、全面的监测数据,促进城市环境的改善和可持续发展。

不同于传统的被动治理模式,无人机智慧巡检利用三维建模、计算机视觉、计算机图形学、三维可视化开发等系列技术,使无人机仅需飞行一次,即可识别违建、乱扔垃圾、水域污染、交通拥堵、突发火情等不同类别问题,带回的画面数据则汇总到无人机管理云平台,并精准对接到运维中心,再由中心统一交办、监督、评价,形成"智能发现-预警-派单-治理-反馈"的全流程闭环,实现城市高效治理和集约化服务。

(三)电力巡检

随着科技进步,无人机技术在电力行业的应用展现出广泛前景,尤其在电力设备的巡检工作中,无人机技术正成为提高效率、保障安全的关键工具。电力巡检,即利用无人机对电力设备进行全面的视觉和技术检查,不仅能够及时发现和分析问题,还能提供科学的维护依据,有效提升电力巡检的效率和质量。

利用高清摄像头和图像识别技术,无人机能够自动识别电力线路及设备状态,包括检测电线是否存在异物挂载或标识是否完整,将复杂、恶劣环境下的巡检工作简化,大大提高工作效率。此外,红外测温技术使无人机能够通过检测设备表面温度,及时发现设备异常,实现远程无接触测温,提高检测精度和稳定性。

带电检测技术的应用,通过搭载红外成像、紫外成像、超声波等设备,使无人机能够在不停电的情况下,对电力设备进行在线监测和分析,快速准确地掌握设备异常状态,支撑电力设备的安全运行。这一方式相比传统的人工巡检,不仅提高了巡检速度和质量,还显著降低了工作人员的安全风险。

三维建模技术,包括激光雷达扫描、倾斜摄影和可见光转点云技术,为电力巡检带来了革命性的变化。无人机搭载激光雷达系统可以快速获得高精度三维模型,帮助精确计算电力线与地面或其他物体之间的距离,确保电力设施的安全距离。倾斜摄影技术通过多角度拍摄,实现对电力设备和周边环境的全面三维重建,提供直观准确的空间场景,助力精确的巡检和维护决策。

无人机巡检的优势显而易见:它能快速覆盖大范围电力设施,极大提升巡检效率;无人机可在高空、高压等危险环境下安全工作,有效降低人员安全风险;搭载的高性能设备确保数据采集的高质量,辅助电力工程师进行准确判断;实时监测数据传输系统使巡检更加及时、准确。

综上所述,无人机技术在电力巡检中的应用,不仅优化了传统巡检流程,降低了成本和安全风险,还通过高效的数据采集和分析提升了巡检的质量和精度。随着无人机技术的不断进步和成本的进一步降低,其在电力行业的应用将会更加广泛,为电力系统的安全稳定运行提供有力支撑,如图4-4所示。

(四)国土测绘

在国土测绘领域,无人机和无人驾驶车辆技术的应用正变得不可或缺。这些技术通过高精度的数据采集、处理和分析,极大地提高了测绘的效率和准确性,同时也为城市规划、环境监测、灾害管理和土地使用分析等多个领域带来了革命性的变化。

图 4-4 无人机电力巡检

无人机搭载高分辨率相机和传感器能够快速捕捉地面的详细影像，这对于实时更新地图、监控土地使用情况变化、规划基础设施建设等任务至关重要。特别是在三维地形测绘方面，无人机配备的激光雷达技术可以精确测量地形高度，生成详尽的三维地形模型，为洪水预测、城市扩张规划提供强有力的数据支持。

同时，无人车在地面层面的高分辨率影像采集补充了无人机的空中观测，尤其在街道视图的更新和地面详细信息的捕捉方面发挥了重要作用。这些技术不仅能够监测和分析土地使用和植被覆盖的变化，还能够评估自然资源的状况，支持精准农业的实施，通过高效的作物健康监测、土壤和水分条件评估，促进农业的可持续发展。在灾害发生时，无人机和无人车能够迅速进入灾区，进行灾害评估和损害调查，为救援行动提供实时信息，并在灾后重建中发挥关键作用。此外，这些技术在环境监测领域同样表现出色，能够在人员难以到达的地区执行水质、大气质量监测任务，以及进行野生动植物的调查和保护。基础设施的检查和维护也得益于无人机和无人车的应用，它们可以高效地对交通、能源输送线路等关键设施进行定期检查，在早期发现潜在的安全隐患，大大降低了维修成本和事故风险，如图 4-5 所示。

图 4-5　无人机地理测绘应用

总之,无人机和无人车技术在国土测绘领域的应用标志着一个新时代的到来。它们不仅提高了测绘工作的精确度和效率,还为城市规划、环境保护和灾害响应等领域开辟了新的可能性。随着技术的进一步发展和应用范围的扩大,未来无人机和无人车在国土测绘领域的作用将会更加显著,为我们提供更加丰富和精确的地理空间数据,推动社会的可持续发展。

(五)农林植保

植保无人机是用于农林植物保护作业的无人驾驶飞机,该型无人飞机由飞行平台、导航飞控、喷洒机构三部分组成,通过地面遥控或导航飞控,来实现喷洒作业,可以喷洒药剂、种子、粉剂等。目前植保无人机又分为两类,植保多旋翼无人机和植保直升机。随着民用无人机的发展,植保无人机也开始"飞"入寻常百姓家。随着土地流转规模的扩大,我国植保无人机产业存在着近千亿元的潜在市场。

随着科技的不断进步,无人机技术已经成为现代农业发展中的一大助力。在农作物的喷洒、播种、灌溉、信息监测以及农业保险勘察等方面,无人机的应用展现出了巨大的潜力和价值,为传统农业作业方式带来了革命性的变化。

1. 农作物喷洒

植保无人机的应用极大地提高了农药喷洒的效率和精确度。与传统的高架喷雾器相比，无人机的作业效率高达 8 倍，不仅实现了农药的自动定量、精准控制和低量喷洒，还由于旋翼产生的向下气流增强了药物对农作物的穿透性，节省了 30% ~ 50% 的农药和 90% 的用水量，显著减少了农药对土壤和环境的污染，如图 4-6 所示。

图 4-6　植保无人机农药喷洒

2. 农作物播种

无人机在播种和施肥方面，凭借其精准度高、效率高的特点，使农民从繁重的植保作业中解脱出来，推动了农业向规模化生产的转变。无人机的应用不受地形条件的限制，便于转场和运输，深受农民的青睐。

3. 农田灌溉

通过无人机技术，农民能够随时随地掌握农作物生长所需的最适宜土壤湿度。利用无人机从空中监测农田土壤湿度的变化，并结合数字图谱数据库，科学合理地进行灌溉用水的调整，有效节约了用水量，实现了科学灌溉的目的。

4. 农田信息监测

无人机农田信息监测涵盖了病虫害监测、灌溉情况监测及农作物生长情况监测等多个方面。通过对大面积农田的航拍,全面了解农作物的生长环境和周期,指出问题区域,便于农民更好地进行田间管理。

5. 农业保险勘察

无人机在农业保险勘察中,通过高效航拍查勘和后期处理技术,准确测定实际受灾面积,解决了勘查定损的难题,提高了勘查工作的速度,确保了农田赔付勘察的准确性。

6. 林业植保

无人机不仅在喷粉、森林资源调查、荒漠化监测、森林病虫害防治等领域发挥着重要作用,还在森林火灾的监测、管理和救援中展现出了其独特的优势。无人机技术的应用,特别是在火灾严重时,可以及时对火场情况进行反馈,帮助灭火队伍制定有效的灭火路线和方案,提高灭火的效率和安全性。此外,无人机还在人工增雨领域中显示出其独特价值,为森林防火提供了新的技术支持,弥补了传统方法的不足。

综上所述,无人机技术在农业和林业领域中的应用,不仅大幅提高了作业效率和精确度,还降低了成本,提高了作业安全性,为现代农林业的可持续发展提供了有力的技术支撑。随着无人机技术的不断进步和应用领域的不断拓展,未来其在农林业发展中将发挥更加重要的作用。

(六)综合执法

高速公路传统勤务具有多人出警费工、赶赴现场费时、人工处理低效、路面聚人高危、执法模式单一的缺陷,执法效果有限,耗时耗力。基于此,利用中大型无人直升机的续航时间长与机动性强等优势,构建空地一体无人机高速公路巡查综合指挥系统,实现无人化执法、智能化识别和综合性城市治理，不仅可大幅提升交通执法、管理执法效率，还能作为"数智城市"建设基底，在促进城市智能化运行和治理方面发挥示范作用。

为了实现省时、省力、省人、安全、高效的目标，可通过多种型号无人机搭载不同载荷，通过新建、接入、整合相关设备、数据及系统，以5G/4G 移动通信、无人机、物联网、大数据、人工智能为技术支撑，实现"空中巡查、智能感知、立体布控、实时预警、快速调度"的"巡、防、处、研"等智能化安防应用，为交警支队提供统一调度、集中管理、数据共享等服务。

按照公路交通安全防控体系建设实施方案要求，坚持边建设边应用的原则，空地一体无人机综合指挥系统建设内容应包括立体巡控勤务系统、智能航线规划系统、智能任务规划系统、合成研判系统、警情调度系统、可视化扁平指挥系统。低空立体安防系统如图 4-7 所示。

图 4-7　低空立体安防系统

四、低空经济 + 城市交通

相较于传统的地面交通体系，低空经济展现出更高层次的空间利用优势和更加丰富多样的产业链条与应用场景，在新一轮科技革命与产业变革的浪潮推动下,低空经济正以前所未有的速率蓄积并释放出巨大的能量与发展潜力。同时,处于低空经济模式下的交通运行方式也会发生巨大改变,尤其是电动垂直起降航空器,不仅在创新城市空中出行方式方面展现出巨大潜力,而且在促进城市空间的高效利用、缓解地面交通拥堵、降低环境污染等方面发挥着重要作用。随着技术的持续进步和政策的积极支持,低空经济的发展也将进一步促进智能交通系统的完善,为城市提供更为智能、安全、绿色的交通解决方案。

(一)城市空中交通

随着新一代信息技术和航空技术的飞速发展,城市空中交通(Urban Air Mobility,UAM)正迅速从概念走向现实。尽管 UAM 尚处于发展初期,但已经有多个项目和试点在全球范围内展开。例如,中国的亿航智能已经开展了 eVTOL 的试飞,并计划在某些地区提供城市空中出租车服务。在美国,优步腾飞(Uber Elevate)正在与城市合作,探索建立 UAM 服务的可能性。此外,一些欧洲城市也在积极规划 UAM 的应用,探索在紧急服务和城市物流中的应用潜力。尽管面临技术挑战、安全规范、基础设施建设和公众接受度等问题,但 UAM 的未来充满潜力,预计在不久的将来,会成为城市交通体系的重要组成部分。

随着技术的不断进步和政策的支持,UAM 有望为城市带来革命性的变化,实现更加便捷、高效和绿色的交通方式。在日常城市通勤方面,UAM 提供的 eVTOL 能有效绕过地面交通拥堵,将城市和郊区的通勤时间从小时缩短至分钟级别。此外,对于紧急医疗救援,UAM 能够在黄金救援时间内快速部署,将救护车在交通堵塞中耗费的宝贵时间降至最低,为救援效率和成功率带来革命性的提升。在城市物流配送领域,UAM 能够利用空中优势,实现快速、高效的货物运送,尤其适合于迫切需要或价值较高的物品配送,从而大大提高物流行业的服务质量和顾客满意度。对于观光旅游业，eVTOL开辟了全新的空中游览方式，使游客能够从空中俯瞰城市美景，带来独一无二的旅游体验。此外，UAM还能为高端商务出行提供私人订制的空中交通服务，大幅提升出行效率与舒适度。随着技术的进步和基础设施的完善，UAM将在这些领域展现出巨大的潜力和价值，成为不可或缺的城市交通解决方案，为城市生活带来前所未有的便利。小鹏eVTOL如图4-8所示。

图4-8　小鹏eVTOL

（二）无人公共交通

自动驾驶技术的应用在城市公共交通领域也可以带来诸多便利。通过配备自动驾驶汽车，大大减少市区交通拥堵问题。而且，自动驾驶汽车可以定时、精确地抵达目的地，增强市民搭乘的乘坐体验感。同时，自动驾驶技术可以提高公共交通运输的效率，让运营商和用户都受益，为城市发展和生态建设做出更大的贡献，如图4-9所示。

自动驾驶出租车（Robotaxi）是自动驾驶技术落地的核心场景，通过全面升级共享出行服务体验，解决当前车辆安全隐患和用车痛点，其无人化和智能化优势将给出行方式带来巨大变革，推动市场空间走向万亿级规模。

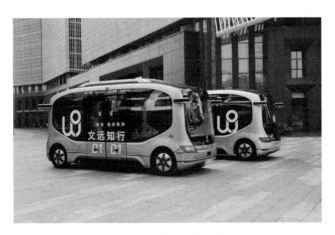

图 4-9 文远知行的无人驾驶接驳小巴

我国自动驾驶出租车商业化发展可分为四个阶段,商业化运营牌照的推出是拉开商业化序幕的标志;商业化 1.0 是运营政策赋能期,集中解决算法精进和长尾问题,为大规模商业化应用提供技术支撑;商业化 2.0 是技术成熟期,技术得到市场验证,实现大规模量产和落地;商业化 3.0 是成本效率优势期,自动驾驶出租车的服务成本比人力更具竞争力,成为普遍出行方式。目前,我国自动驾驶出租车处于商业化测试阶段。面对技术和安全方面的长尾问题,获取数据以及通过数据迭代算法的能力,成为各自动驾驶公司完善技术解决方案、实现商业化应用的核心竞争力。自动驾驶公司和出行服务运营商积极探索车队运营、算法降维以及场景开拓等多种商业化落地路径。

我国超大城市持续以"摊大饼"的形式不断扩张,但仍难以满足日益增长的人口居住通勤需求。研究表明,大多数人能够接受的日常通勤时间为 1 小时,这在以"北上广深"为代表城市的高峰时期对应的通勤距离约为 30 公里。由此产生了一个矛盾的现象:一方面是城市中心日益高企的房价和稀缺的土地;另一方面是郊区和邻近城市低廉的地价,横亘在中间的,是高速公路、地铁、轻轨等大型城市公共交通设施的巨额投入。而使用 UAM 作为通勤工具,从卫星城集散中心飞行至中心城区交通枢纽的时间约为 15 分钟,按照使用 100 架 19 座级 eVTOL 航空器计算,总投资仅为地铁的1/15~1/20。以新兴空中运输为引领的交通方案若成为现实,将开启新一轮城市化进程,经济社会将再获得一轮繁荣发展的红利,对应地,这种UAM航空器的性能画像是:采用倾转旋翼构型,19座以上,有效航程100公里以上,巡航速度超过200公里每小时。

(三)高端私人通勤

随着新能源电池、人工智能、飞控、新材料、5G等关键技术不断发展,UAM飞行器已经成为目前航空领域的热点,并且具有广阔的应用前景。未来UAM不但在构想上具备先进性,在应用上也有许多重要的潜在场景。针对居住在市郊的少量高净值人群,以长三角和大湾区为代表,其具有大量的以工作、社交、休闲为目的的高频跨城通勤需求,但并不匹配国际常见的"按需通勤"场景。类似于网约车的出行平台模式,虽然能够有效地提高资源利用率,但无法完全满足高净值人群对洁净、专属、私密的要求。而且,在高峰时段还存在等待时间过长等问题。因此,通过私人购买UAM的模式,能够有效确保私密性,克服共享模式的缺陷,与出行平台形成有效互补。私人通勤场景与传统的直升机商务摆渡类似,用户本人及随行人员3~5人,通勤距离在100公里左右,主要在非人口稠密区运行,适用于用户对时间、安全性、噪声敏感度高,对价格敏感度低,同时要求航空器乘坐舒适、界面友好、安全可靠。按此,典型高端跨城通勤场景的UAM航空器性能是:采用倾转翼构型、商载500公斤/5座,有效航程100公里以上,巡航噪声低于60分贝,有高级别的辅助驾驶能力。

(四)远程云代驾

近些年,从客户的角度出发,还延伸出了一个新的应用领域——远程云代驾。远程云代驾系统是在车辆遇困或极端场景下,由远程驾驶员接管车辆,通过环绕屏展示环境建模及主视角、俯视角,为安全员提供身临其境的平行驾驶感受。当远程驾驶员将车辆开到安全地带后再将控制权移交给车端,整个过程中端到端的时延比人类驾驶的反应时间更短,且车端和远程的控制权切换完全平滑无感。在远程驾驶舱,通过配置多屏监控,以及通过风险预警和动态调度等功能,可以实现车队级实时监控。远程云代驾设有包含主动安全、安全预警以及安全基础功能在内的全面安全分层设计,可实时监测驾驶舱、网络、无人驾驶车辆状态,并根据不同故障或风险等级做出安全处理,进一步为自动驾驶运营全面护航。当前自动驾驶技术在常规城市道路下主要由车端自动驾驶系统实现自主驾驶,仅在极端场景下借助远程云代驾,因此,可以实现远程驾驶员一人控制多车的高效运营服务。

第五章 "路空一体"发展实践

一、国内"路空一体"发展实践

(一)"南湖101"路空一体示范工程探索与实践

2004年3月,时任浙江省委书记的习近平同志在嘉兴专题调研统筹城乡发展工作时,坐上了嘉兴的101路城乡公交车,亲身感受嘉兴城乡基础设施建设一体化带来的变化:从始发站嘉兴火车站上车,到凤桥镇三星村公交站下车,还现场察看了三星村站点公交线路牌。调研期间,习近平同志指出:嘉兴完全有条件成为全省乃至全国统筹城乡发展的典范。2022年6月,浙江省第十五次党代会报告提出了"创新制胜"工作导向,明确提出"支持嘉兴打造长三角城市群重要中心城市"。2023年4月,浙江省交通运输厅印发《关于落实三个"一号工程"强力推进交通领域创新深化改革攻坚开放提升行动方案》,提出全面构建"1314"目标任务体系。

当前,我国各种交通方式已经进入联网贯通的关键时期,交通网络发挥最大效力关键在于推进综合交通统筹融合发展,而推动"路空一体"工作,依托国家现有交通基础设施网络布局,有效利用低空资源,实现地面资源和低空资源的统筹融合,是促进综合交通运输发展、打造以公路为主体的综合立体交通运输体系的重要切入点。

为了更好地传承嘉兴南湖的红色底蕴,结合时代发展需求,交通运输部科学研究院和嘉兴市人民政府、嘉兴市南湖区人民政府着眼构建未来交通产业新业态,决定成立嘉兴南湖路空协同立体交通产业研究院(以下简称"南湖交科院")并实施系列产业项目,以"课题研究+产业落地"的模式快速推进"路空一体",同步演进其内涵、外延与理论研究、实践积累。在此背景下,嘉兴南湖路空协同立体交通产业研究院"路空一体101线路"示范项目(以下简称"南湖101")应运而生。2017年,"路空一体"课题组成立,将"试点示范"设为目标成果,并创造性地提出了"课题研究+产业落地"的科研模式。2022年7月,嘉兴南湖路空协同立体交通产业研究院成立,形成"研究院+测试场+示范基地"的产学研用一体化科技高地,如图5-1所示。

图5-1 嘉兴南湖路空协同立体交通产业研究院正式成立

1. "南湖101"路空一体示范工程赛道选择

嘉兴南湖路空协同立体交通产业研究院以"南湖101"为重点示范项目,全面承接浙江省交通运输厅《关于落实三个"一号工程"强力推进交通领域创新深化改革攻坚开放提升行动方案》中的"1314"目标任务体系,甄选出以下赛道:

一是迭代优化"三位一体"数字交通体系。贯彻落实《交通运输部关于印发〈交通运输领域新型基础设施建设行动方案(2021—2025年)〉的通知》和《浙江省交通运输新型基础设施建设"十四五"实施方案》等政策要求,依托交通运输部科学研究院"综合交通运输大数据专项交通强国建设试点"项目——国家综合交通运输信息平台(部级"一张图"工程),建设"交通运输大数据应用中心南湖分中心",开展"车路空天"一体化感知、治理、分析、安全应急和养护管理关键技术研发及应用研究,探索基于"一张图"的"路空一体"交通运输资产数字化和综合运行管理"大脑"。

二是全面提升交通科技创新实力。深入贯彻南湖区"研究院经济"指导思想,依托交通运输部科学研究院综合科研能力和资源协调能力,联合"智能系统与装备电磁环境效应"工业和信息化部重点实验室、清华大学车辆与运载学院、北京理工大学立体交通研究院等行业顶级科研机构,建设行业重点科创平台。开展交通运输领域重大技术攻关,同步探索"政产学研"成果转化模式,并引进中国工程院院士、俄罗斯工程院院士、欧洲科学院院士等高端人才及团队。

三是构建"交通+"特色产业体系。围绕国家综合立体交通总体布局和嘉兴地处长三角核心区区位优势,融合交通新基建和高端交通运输载具正向研发,构建"路空一体"产业集群,探索综合立体交通"微循环"产业生态,打造交通运输无人投送、"路空一体"应急救援体系、交通遗产与文化线路工程等产业化项目,开展运营模式、商业模式和金融模式研究,以试点为牵引,开拓"交通+"特色产业体系。

四是创新"四好农村路"全省域融合发展模式。贯彻落实"共同富裕""城乡一体化"等重大战略,依托交通运输部科学研究院职能优势,建设围绕"四号农村路"的管养一体综合信息服务平台,打造"交邮融合""路空一体"的城乡交通运输体系;在国家低空空域开放背景下,打通传统城乡交通与低空交通壁垒,推动城乡一体化"公路+低空"新经济模式创新,正向研发城乡一体化智能公共交通运输载具,构建依托农村路网的"客货邮"新模式。

五是系统推进新时代交通文化建设。交通运输文化遗产是当代交通文化建设的基础性事业,浙江省交通文化遗产丰富且特色鲜明,是大运河交通文化重要的遗产地,嘉兴市是中国革命红船起航地,也是大运河的节点城市,其城市格局的形成与大运河密切相关,交通遗产数量巨大、类型丰富、内涵深刻、价值多元。南湖交科院以"交通遗产与文化线路工程"为切入,开展交通文化遗产名录、保护与利用信息平台等建设工作,为交通强国建设贡献浙江路径、浙江方案和浙江经验,为嘉兴促进文化交通旅游深度融合开辟新路径。

2. "南湖101"路空一体示范工程项目内容

一是低空规划和运行研究与示范。梳理嘉兴市现有无人机适飞空域、无人机物流配送、科研试飞、无人机应用、飞行汽车对空域使用的需求、未来多主体运行需求,确保以安全和需求导向为原则,优化嘉兴无人机空域划设方法,并从飞行服务、运行监管、融合运行等方面提出保障措施与建议,为无人机、飞行汽车、通航运行等多平台低空运行要求、复杂空域条件下的高密度城市化地区提供低空空域利用。研究提出嘉兴"南湖101"相关路段、水域等低空空域划设方法,规划嘉兴低空飞行航路,进行初步可行性分析,并配套提出低空飞行保障设施需求,从规划、技术及管理等层面提出低空飞行安全保障措施。

二是JMRH无人物流投送示范。通过剖析"南湖101"JMRH无人物资投送、物资应急保障、应急医疗救援、城乡一体化配送等典型应用场景与需求,分析国内主流多式无人装备(包括无人机、无人车等)技术特点与保障能力,统筹利用现有民用物流无人装备成熟技术及配套设施,按照"体系论证-技术突破-系统验证"的研究策略,重点研究平急一体的空地协同无人投送的力量体系、组织体系、指挥体系、保障模式、运行机制及装备系统集成等核心内容,基于"云-边-端"一体化计算体系架构,创新构建"平、急"相结合的JMRH无人物流投送示范体系。该平台包含环境综合态势感知、配送任务智能规划、航迹/路径规划、无人平台控制和保障效能评估等功能,具备融入现有后装保障指挥链路与民用综合物流配送体系的能力,实现应急物资投送的"需求-感知-决策-投送-评估"全过程管控和民用快递配送的指挥调度,并在需要时快速切换。在此基础上,开展平台样机研制与无人装备集成,并进行示范论证,验证评估无人投送效能,助力新质投送能力生成,丰富完善传统物流配送方式,为末端物流提供多样化的策略选择和智能化的决策支持,推进现代物流提质增效。

三是综合运行管理平台建设与示范。围绕"南湖101"任务内容,支撑无人机、无人车、无人船等智慧终端协同配送,快递转运站、智能配送结合末端配送无人机、区域接驳无人机、飞行汽车城市运行、交通枢纽接驳及大型干线无人机的三级人流、物流低空运输体系,提出分层分区运行基本空域需求。对"南湖101"涉及的城乡接合复杂区域、地面接驳区域、城乡路网区域按需逐步提供低空及超低空空域及航线网络,通过建设统一的飞行服务平台,为"路空一体"场景应用和管理服务提供基础技术支撑。主要面向城市区域医疗配血、城乡区域路空协同无人投递应用、无人机AED(Automated External Defibrillator,自动体外除颤器)应急投送保障、城乡路网无人养护巡检应用、低空飞行服务保障等场景。

四是"交通+文旅"以及无人养护、数字三维一体化平台。围绕交通文旅及交通资产数字化需求,建设基于共性数据采集、数据分析、模型重建及三维可视化技术平台,针对"南湖101"城乡一体化示范公交线及周边,以此为中心,构建数字孪生全景体系(低空航道、水面交通、自行车、国省道、四好农村公路、驿站等)与现有景区进行有效串联,以数字化方式对交通要素和文旅要素进行统一呈现。

3."南湖101"路空一体示范工程项目计划

"南湖101"路空一体示范工程为南湖交科院重点示范和产业标杆建设项目,是展示路空一体"理论-预研-立项-研究-测试-示范-成果-转化"等全过程的典型项目,也是展现和践行国家综合立体交通的有力依托。该项目释放路网经济"带宽"和投资效应,全面带动无人航空物流、航空旅游、医疗救援等应用产业发展,牵引通航装备制造、机场建设、物流园建设等产业发展。构建"路空一体"产业集群,带动地方经济快速增长,塑造综合交通发展新业态,助力交通强国建设。

示范工程涉及城市空域、无人投送体系、应急保障体系、文交旅融合等方面。当前的计划如下:

一是"南湖101"无人投送体系。采用无人机、无人车、无人船、飞行汽车等新型无人运输平台实现人流、物流的位移。基于路空协同数字基建的新型无人配送体系,把无人运输平台纳入快递物流网络信息系统管控,形成了一种新型交通运输形态。

二是"南湖101"无人机应急保障体系。规划设计面向未来的城市路空一体化无人机应急保障体系规划,实现无人机民用应用领域覆盖地质、测绘、海洋、环保、交通、应急救援、公安、武警、安监、通信、气象、消防、农林、水利、电力、能源以及快递物流等。规划城市各应用场景,如应急通信覆盖、灾区应急搜索、灾情评估、应急测绘火情监测、应急人工影响天气、中高空长航时无人机系统、中低空长航时无人机系统等。

三是"南湖101"文交旅融合。将路空一体化的解决方案应用于文化与自然遗产旅游的具体场景,推进"旅游"和文化、交通融合,综合考虑文脉、地脉、水脉、交通干线,依托区域内重点文旅资源,构建点状辐射、带状串联、网状协同的文交旅融合新格局。依托区域内交通基础设施和旅游景区建设起降平台,开发景区航空快线及低空旅游资源,解决文化旅游开发中的重点难点问题。

(二)国内其他地域性应用探索实践

"路空一体"自2016年提出以来,伴随我国在无人机物流、通航旅游、应急救援等方面开展越来越多的示范与实践探索,正走上发展的快车道。

1. 深圳抢跑低空经济新赛道

作为低空经济最重要的试点城市之一,深圳率先推出促进低空经济产业发展的专项法规，既为低空经济腾飞铺平了法治跑道，也迈出了我国低空经济"腾飞"的重要一步。

2022年底，《深圳市低空经济产业创新发展实施方案（2022—2025年）》出台，为城市低空经济产业高质量发展指明方向。2023年初，深圳首次将"低空经济"写入政府工作报告，提出打造低空经济中心；10月，《深圳经济特区低空经济产业促进条例（草案修改一稿征求意见稿）》公开征求意见，为促进深圳低空经济产业高质量发展提供法治保障；12月，《深圳市支持低空经济高质量发展的若干措施》正式出台，围绕引培低空经济链上企业、鼓励技术创新、扩大低空飞行应用场景、完善产业配套环境四个方面提出20项具体支持措施，推动低空经济高质量发展。2024年伊始，深圳更是出台全国首部低空经济立法——《深圳经济特区低空经济产业促进条例》，从基础设施、飞行服务、产业应用、技术创新、安全管理等方面助力低空经济产业"高飞"。

未来，深圳将着眼当前一段时期低空经济产业发展的重点领域和关键环节，在链上企业培育、鼓励技术创新、拓展产业应用示范、加大基础设施供给等方面进行针对性资助。瞄准行业发展需求，坚持场景牵引，发挥市场规模优势，通过高质量供给引领创造新需求，促进低空消费潜力释放，形成需求牵引供给、供给创造需求的更高水平动态平衡。在现有相关产业支持政策基础上，结合低空经济产业特点，持续优化或细化针对性支持措施，并鼓励各区政府结合本区发展定位和产业特点，制定区级配套支持政策，实现市区政策联动。同时，深圳将着力加强低空经济人才、技术、资本等方面的交流合作，推动低空经济集聚成势，持续提升低空飞行服务保障能力，完善相关政策标准，积极打造低空经济应用示范场景。

（1）基础设施方面

加快建设融合示范基础设施，形成低空智能融合飞行的示范性效应；建立地面配套设施体系，基本建成30个以上低空飞行器起降平台；建成马峦山城市低空融合飞行保障基地，打造全国领先的城市通航综合体。

(2) 特色应用场景方面

大力发展以 eVTOL 为主的城际飞行、跨境飞行、空中摆渡、联程接驳、商务出行、空中通勤等城市空中交通新业态；搭建低空产业主要飞行器展销平台，率先建设综合展示交易中心；依托大小梅沙、东部华侨城、中英街等旅游资源，丰富低空文体旅游经济业态；支持头部企业在盐田马峦山、东部华侨城等区域开展多场景低空飞行业务，扩大无人机物流应用；将梅沙客运码头打造成"客运 + 游艇 + 跨境直升机"复合型口岸，争取开通深港跨境飞行航线；加大无人机、直升机在应急救援、城市管理等领域的应用，深度参与城市管理。

(3) 综合服务方面

建设低空专业服务平台，开展适航审定、验证试飞、验证测试业务；推出特色体验项目和科普课程，打造低空科普教育培训基地；举办低空经济发展高峰论坛，汇聚低空经济各类型市场主体；发展航空设备维修、养护、专属险种等专业化现代配套服务业，完善低空经济综合服务生态圈。

(4) 要素汇聚方面

建设低空经济专业人才培养基地，为低空产业输出专业人才；出台专项支持措施，强化对低空经济领域企业和科研机构的支持力度；加大招商引资力度，推动低空经济建圈强链；鼓励企业和科研院所组建创新联合体，吸引国内外相关高新技术企业加盟，营造低空经济创新环境。

深圳发展低空经济同时具备良好产业基础。以低空经济支柱产业无人机为例，经过 20 多年的发展，深圳目前已拥有成熟完备的无人机产业链条，覆盖生产制造、技术研发、软件开发、商业应用、人才培育等诸多环节，聚集了大疆、丰翼科技、道通智能、路飞智能、天鹰装备等一批行业头部企业，产业链条完备度世界领先。

从消费级应用看，以大疆为代表的生产企业已成为全球消费级无人机的主要提供商和无人机领域的领航企业；从工业级应用看，深圳处于国内领先地位,依托强大的供应链体系,工业级民用无人机产值占到全国六成左右,拥有一电科技、科比特、科卫泰、哈瓦国际等几十家工业级无人机生产商。

除了无人机外,深圳快速发展的低空产业还涵盖了低空制造、低空飞行、低空保障、综合服务以及包括旅游业、物流业、巡检业在内的各种低空应用场景等,形成了长链条、广辐射的低空产业生态圈。

根据公开数据显示,2023年,深圳低空经济年产值已超过900亿元,同比增长20%;2023年,深圳新开通无人机航线77条,新建无人机起降点73个,完成载货无人机飞行量60万架次,飞行规模全国第一,消费级无人机占全球70%的市场份额,工业级无人机占全球50%的市场份额;直升机飞行量超2万架次,飞行规模全国领先。

在本土低空企业高速猛进的同时,深圳还聚力产业链关键环节,加快招大引强。2023年6月,全球知名eVTOL研发制造商德国Lilium宣布,中国总部落地深圳;紧随其后,广州亿航、上海峰飞等国内eVTOL龙头也纷纷宣布进驻深圳;美团在龙华落地首个无人机智能制造中心并正式投产。深圳的低空产业集群效应厚积薄发,低空元素渗透到百业百态。

低空经济是新质生产力的代表,是培育发展新动能的重要选择,也是全球竞逐的重要战略新兴产业方向。深圳各区也积极响应国家政策制定了各区的低空经济适配政策,福田区推出四大行动布局"天空之城";罗湖区在水贝国际中心首开空中航线体验;南山区拟出台专项扶持政策,剑指"世界低空经济高地";盐田区公布了低空经济产业创新发展实施方案,提出丰富低空文体旅游经济业态;宝安区促进低空经济发展,对单个企业最高补贴3000万元;龙岗区促进低空经济发展政策已公开征求意见,提出打造粤港澳大湾区"飞谷";龙华区发布国内首个低空经济高质量发展指标体系;坪山区率先开通直升机空港固定航线等。面对汹涌而至的低空经济新浪潮,紧握风口,抢占先机,深圳低空"军团"已然奔跑在路上。

2. 四川阿坝"路空一体"支撑文旅服务创新发展

阿坝藏族羌族自治州地处青藏高原南缘,受制于特殊的地形地貌,当地普遍行路艰难,经济发展较为缓慢。近年来,阿坝州响应改革要求,按照紧抓交旅融合、打造高原草地观光路、提升应急救灾水平、建立生鲜产品快速通道、吸引通航企业、打造无人机技术硅谷的思路,率先试水整合公路和航空运输资源。从综合物流运输到交旅融合,从应急救援到无人机测试认证,在低空经济产业的带动下阿坝州"路空一体"发展强劲。

2017年12月,四川省获批成为全国首个开展低空空域协同管理的试点省份。阿坝州瞅准时机,率先在全州范围内进行直升机临时起降点的综合布设,并根据四川低空空域改革要求,制定了《阿坝藏族羌族自治州民用无人驾驶航空器及低空空域管理办法》,该办法在全国、四川省等管理法规的框架下,明确了阿坝州交通运输局负责行使管理职能,细化了各种飞行作业内容的管理方式,简化了申报手续,还对州内旅游景区的空域使用提出明确的管理要求。

为了更好地推动"路空一体"发展,阿坝州启动了《阿坝州低空运输体系规划》,重点是建立"综合运输体系"实现农特鲜产品的快速运输,解决邮政运输难度大、成本高的痛点以满足邮政运输需求,同时对旅游资源深度开发,提升旅游体验。为发展文化生态旅游业,阿坝州建成九环线、九黄机场、红原机场等一批串联景区景点的节点工程,形成了立体交通网络。同时,阿坝州在文化生态旅游业发展初期,确定了"政府主导"、居民协同的主体分工合作模式,形成了以九黄、红原机场等为支撑的"路空一体"立体交通网络和较为完善的公共服务设施,建设了九寨沟、黄龙、四姑娘山、达古冰山等项目并发挥了极大的带动作用,组建了大九旅集团等龙头骨干企业,展开了农牧民技能全方位培训,夯实了发展基础,保证了文化生态旅游业有序超前发展。

此外,为提升应急救灾水平,阿坝州从无人机技能培训着手。2017年至2018年期间,阿坝州举办了三期"超视距驾驶员(机长)"培训班,为推动无人机学历教育、开展职业技能培训、提升应急救援能力进行了储备。同时,阿坝州正计划在现有应急救灾体系中,依靠州级设备库、县级设备库、企业级设备库的支撑,通过政府投入,将交通、国土、环保、卫生等部门人员组织起来,系统化地增加空中救灾的设备和力量,并借助"路空一体"建设契机,大力发展应急救援产业。

3. 浙江省"四港联动"推动海陆空网高效协同发展

2017年,习近平主席在"一带一路"国际合作高峰论坛开幕式的演讲中提出:"我们要着力推动陆上、海上、天上、网上四位一体的联通,聚集关键通道、关键城市、关键项目,联结陆上公路、铁路道路网络和海上港口网络"。近年来,浙江省围绕推进海港、陆港、空港、信息港"四港"联动发展先后做出系列部署安排,重点港口、铁路、航空等重要枢纽高效衔接、畅通有序,"四港联动"新格局加快形成,助力产业链、供应链稳定和全国统一大市场建设,在畅通国内大循环、促进国内国际双循环、释放中国经济潜力中扮演着重要角色。

浙江省围绕"陆上、海上、天上、网上四位一体连通"战略部署,着力推进"四港"高效联动,明确以海港为龙头、陆港为基础、空港为特色、信息港为纽带,立志打造浙江交通强国建设新名片,并已取得一定成效。数智赋能是实现"四港联动"的重要法宝,内陆出口货物面临着物流链条长、中间环节多、系统不互联等难点。浙江省研发推出的"四港联动"智慧物流云平台2.0,通过大数据、人工智能等新技术加持,实现行业主体间系统互联互通和物流数据全要素汇集,积极赋能物流标准化、数字化和智能化应用,助力构建规范化、智能化、便利化、安全化的浙江省数字物流链生态圈。

作为新质生产力的重要代表,发展低空经济已经成为培育竞争新优势、增强发展新动能的战略选择和必然要求。浙江省机场集团自成立以来,在低空基础设施建设、飞行服务保障、核心产业投资、生态场景应用等方面进行了深入探索和实践。目前,浙江省机场集团托管并运营建德千岛湖和德清莫干山2个通用机场,整合运营舟山五岛直升机场6个,创新通用机场"投建管"模式,投资建设开化、泰顺机场,纳管通用机场数量达10个。浙江省机场集团建立了全国首个集管制、气象、情报等功能于一体的省级A类低空飞行服务站和全省低空通信监视网络,开辟了32条低空航线;战略投资eVTOL龙头企业沃飞长空,打造的直升机航线产品"海岛快巴"实现4年常态化、品牌化运营,远程塔台指挥技术创新应用走在全国前列,在低空经济领域取得了一批标志性成果。

此外,浙江作为经济大省、电商大省、物流大省,在推动新一轮低空经济发展方面具有相对优势,构建了"四网融合"(即基础设施网、通用航空航线网、应急救援网、飞行服务保障网)的通用航空发展体系。

在低空航线网络布局方面,浙江省累计开通低空航线15条,开通建德—宁波/温州航线,实现了千万级运输机场间高效飞行;开通建德—芜湖/金山、安吉—镇江等省际低空航线,基本实现了长三角省市全覆盖。

在飞行服务方面,浙江省建成了全国首个集通信、监视、气象和情报功能于一体的省级低空飞行服务中心,在省域范围内布局建设了16套中高频低空通信设备和14套ADS-B(广播式自动相关监视)系统,构建起"1个省级A类飞行服务中心+3个B类飞行服务站+30套低空通信监视设备"的低空飞行服务保障网,实现全省900米以上低空通信监视有效覆盖。同时,建成绍兴新昌、湖州德清、舟山普陀3个市级B类飞行服务站,并实现与省级飞行服务中心数字互联互通。

未来,浙江将继续完善低空基础保障体系,提升飞行服务能力。同时,聚焦大数据、物联感知、数字孪生、人工智能等前沿科技,围绕航空器软硬件、低空飞行保障核心领域开展技术攻关,推动低空交通数智化运行和管理。

4. 新疆积极打造路空一体交通圈

新疆地域辽阔、空域广阔,是中国土地面积最大的省级行政区,同时也是中国空域面积最大的省级行政区,具有发展公路交通和航空交通的天然优越条件,更具有发展路空协同立体交通体系的天然优越条件。

近年来,为贯彻落实新疆关于发展通用航空和建设短途运输航空网络的战略部署,加快推动新疆通用航空产业发展,建立立足新疆、辐射西部、面向全国短途客货运输通航网络体系,提升新疆通用航空服务保障能力,补齐航空产业链创新链短板,新疆机场集团与乌鲁木齐市人民政府、喀什地区行政公署、江苏亚捷航空发展集团有限公司在乌鲁木齐国际航空枢纽建设论坛上签署战略合作协议。计划立足新疆旅游大区资源禀赋和"点多、面广、路远"的实际情况,以"适应市场规律、满足市场需求"为着力点,发挥航空运输优势作用,因地制宜发展短途运输、旅游包机、空中游览、空中跳伞、飞行体验、航空培训等业务,有效破解"旅长游短"困境,提升新疆旅游品质、打造新疆旅游品牌形象,助力"丝绸之路经济带旅游集散中心"建设。同时,在未来5年内构建集短途运输、医疗转运、应急救援为一体,覆盖全疆、通达中亚各国的通用航空运输网络,有效提升新疆对外开放水平,推动丝绸之路经济带空中交通体系建设,着力打造人民满意的"干支通、全网联"航空服务网络。

此外,喀什也积极规划"路空一体",打造以喀什为中心的1小时交通圈和1小时物流圈,实现喀什地区12个县县县通无人机,致力于打造一个"路空一体"数据中心、一个运行监管服务平台、三个运营安全保障体系("路空一体"标准体系、安全保障体系、政策保障体系)和N种业务类型的"1+1+3+N"框架。

5."路空一体"在其他地方的实践

(1)河南

依托河南省发达的高速公路网,提供医疗救护、抢险救灾、货运物流、旅游观光和通航服务等一系列功能和增值服务,形成高速公路服务区"高速+通航"的通用航空产业集群,使每一个服务区变成一个增长点,使每一条高速公路变成一条经济带,为高速公路带来额外收益,防范和化解当前债务风险、促进公路转型升级。此外,《河南省公路车路空天一体化快速感知关键技术研究及应用》入选2022年度交通运输行业重点科技项目清单,项目以"车、路、空、天"为核心,通过对路况快速检测车、道路资产数字化、无人机空中快速应急监测、遥感卫星影像应用等一体化快速感知和关键技术的研发,促进北斗导航卫星、遥感卫星和无人机技术与智能交通建设的深度融合,并在大数据挖掘和人工智能的耦合中推进普通公路"智慧大脑"建设,提升普通公路快速感知、科学管理养护和公众出行服务的智慧化程度。通过项目的实施,突破快速、综合、立体的路网感知系统关键技术,建成覆盖全省的资产管理、运行监测、养护管理、灾害预警评估、应急指挥调度等路网综合快速感知体系,增强对极端天气(暴雨、冰雪等)灾前预警、灾情评估、救灾指导和灾后安置的科技支撑能力,为公路的规划、建设、管理、养护和运营提供及时、准确的决策依据,为人民群众的安全便捷出行提供科技支撑。

(2)湖北

以湖北省航空应急救援体系建设为突破口,以通航的"空地组网+无人机组网"的规划建设,以"路空一体"立体交通基础设施建设,聚合产业资源形成产业网,实现"聚产成镇",构建"全要素+应急救援+国防交通+动员力量+作训保障"的特色产业网,使之成为湖北区域经济发展新的增长点。

(3)广西

结合百色数字经济示范区建设,以百色为中心采用"东西南北中"战略,打造"百色1小时交通圈、1小时物流圈、30分钟生命圈",构建"以支为主,支干结合"的航线网络,打造"航空+国防+旅游+物流+救援"的百色军民融合航空综合经济体,立足百色、辐射广西、走向全国、连接世界,形成百色"路空一体"经济港、生态圈和产业链。

（4）江苏

常州紧跟无人机新业态发展趋势，加速推进空中场景应用创新，利用 5G 无人机飞控平台、人工智能等新技术打造一张覆盖全市的 5G 无人机智慧视联服务网，为通信、电力、水利、消防等多个行业的生产、维护、调度作业提供高品质、场景化的智能视联服务，助力产业智慧化转型。用 5G 移动通信蜂窝网络替代传统无人机的自建通信和控制链路，搭配 5G 无人机飞控平台使用，从而打破作业范围的限制，通过超视距远程控制无人机自动起降、按照既定的航线自主飞行，实现实时采集、回传目标数据。2024 年 3 月，常州移动联合江苏移动、中国移动（成都）产业研究院、中兴通讯在西太湖完成 4.9GHz 频段 5G 低空专网建设，助力常州成为全国首批实现低空区域网络商用落地的地级市。该专网可使低空与地面之间干扰更小、信号更稳定。测试数据显示，西太湖区域 500 米以下空域 5G 覆盖率达 99.46%，且 99.09% 区域上行速率可达 25Mb/s。此外，常州移动还在全省率先完成 5G-A（5G-Advanced，5G 网络的演进和增强版本）通感技术区域组网验证，通过多个 5G-A 自发自收通感一体基站实现连续组网，并对多目标复杂轨迹探测、多站组网下的无人机连续轨迹跟踪、低空安防电子围栏入侵预警等低空感知场景进行了全面测试，验证了 5G-A 通感一体技术已具备全面商用基础。

二、国外低空经济相关领域政策法规与典型案例

"路空一体"是我国创新提出的概念，目前国外部分国家在低空经济和无人机应用领域已经进行了相关的法律法规研究以及一定的技术落地，并且基于现阶段"路空一体"发展的趋势以及技术应用情况，也对未来"路空一体"协同发展进行了诸多实际应用场景的畅想，一定程度上为我国"路空一体"的发展提供了经验启示。

(一)政策与法规环境发展情况

美国对无人机的政策和管理在过去几十年中发展迅速,是全球无人机商用化和空域整合领域的领导者之一。在政策与法规环境方面,美国联邦航空管理局(Federal Aviation Administration,FAA)起着关键的角色,制定了一系列严格的规则和条款,以确保无人机操作的安全性和合规性。例如,根据 FAA 的规定,商用无人机操作员需要获得遥控飞行员证书,并且所有商用无人机都必须在 FAA 进行注册。此外,FAA 还设定了无人机飞行的高度限制、禁飞区和飞行时间的限制,以防止对民用航空及公众安全构成威胁。此外,美国还注重无人机技术的创新与发展,鼓励无人机在农业、消防、搜索和救援等多个领域的应用。政府与私营部门合作,开展了多个试点项目,如集成空中监视系统,该项目旨在探索与测试无人机技术在城市环境中的可行性。随着技术的进步和应用领域的拓展,美国对无人机的政策也在不断适应和调整。表 5-1 是美国针对无人机发展的相关政策梳理。

美国无人机发展的相关政策 表 5-1

日期	事件	影响或目的
1990 年	美国准许无人机进入国家空域系统	允许无人机使用国家空域
2012 年	通过《2012 年 FAA 现代化与改革法案》	计划到 2015 年将民用无人机纳入空域管理
2013 年	FAA 发布《民用无人机系统融入美国国家空域系统的路线图》	提出融通、整合和演化三个阶段的远景
2015 年 12 月	FAA 开始要求 250g~25kg 之间的无人机应进行注册,操作者应年满 13 岁	加强对无人机使用者的管理和注册
2016 年 6 月	FAA 颁布商用小型无人机管理规则"Part 107"	明确规定小型无人机的运行、适航、驾驶员等管理
2023 年 5 月 3 日	FAA 发布针对未来空中出租车和其他先进空中交通运行的空域和程序变更的新版蓝图——UAM 运行概念 2.0	支持航空新时代的安全性,为 FAA、NASA(美国航空航天局)和行业提供共同的参考框架

此外，美国白宫科技政策办公室（Office of Science and Technology Policy，OSTP）发布了美国国家科学技术委员会（National Science and Technology Council）编制的美国《国家航空科技优先事项》（National Aeronautics Science & Technology Priorities）。文件提到，美国政府将优先考虑 FAA 的下一代计划，以实现美国国家空域系统（National Airspace System，NAS）的现代化。作为该转型的一部分，美国政府将优先发展的新航空技术包括小型无人机和先进空中交通（Advanced Air Mobility，AAM）飞行器，如电动垂直起降飞行器（eVTOL）、电动短距起降飞机（eSTOL）和其他高度自动化的电动客货运飞机。未来的美国国家空域系统将纳入安全、高效地整合民事和国家安全行动的战略，从有观察员的慢速低空行动到在各种高度和速度下在飞行员的超视距（Beyond Visual Line of Sight，BVLOS）之外进行的行动。

欧洲民航设备组织、联合航空局、欧洲航空安全局等都在致力于与无人机有关的政策法规的制订工作。在欧洲，无人机政策和管理也同样经历了快速的发展和适应阶段。欧洲航空安全局（European Aviation Safety Agency，EASA）在这方面扮演了中心角色，负责协调成员国间的无人机法规，并制定一体化的欧洲标准。EASA 的目标是确保无人机操作的安全，同时促进技术和商业模式的创新。

随着无人机技术的普及和应用领域的扩大，EASA 发布了一系列关于无人机操作的规则，包括对操作者身份的认证、飞行高度和地点的限制，以及对特定场景如夜间飞行和人群上方飞行的具体规定。这些规则旨在平衡安全性与灵活性，允许无人机在遵守安全规定的前提下进行更广泛的商业和社会应用。

除了 EASA，其他组织如欧洲民用航空设备组织（European Organization for Civil Aviation Equipment，EUROCAE）和联合航空局（Joint Aviation Authorities，JAA）也参与了相关标准和政策的制定。

EUROCAE 专注于技术标准的开发，其工作成果支持 EASA 制定更全面的法规。而 JAA 虽然已经在 2009 年停止运作，其历史上的工作对于推动欧洲各国在航空安全和法规方面的合作仍有深远影响。表 5-2 为欧洲无人机政策相关发展情况梳理。

欧洲无人机政策相关发展情况　　　表 5-2

年份	组织/国家	文件或事件	描述
2004	欧空局①	民用无人机政策规章	制定了一系列民用无人机政策规章
2012	英国民航局	CAP722《无人机在英国空域的使用指南》	针对无人机在空中的使用进行了法律与政策制定
2012	EASA②	城市空中交通的十大关键性研究结论	定义了城市空中交通(UAM)的概念及其未来发展预期
2013	欧洲航空研究与创新咨询委员会	《民用无人机融入欧洲航空系统的路线图》	制定了融入欧洲航空系统的详细路线图
2015	欧空局	《无人机运营规章框架说明》	解读了 EASA 提出的低风险无人机运营监管框架
2018	欧盟	《欧洲议会和理事会第 2018/1139 号法规　关于民用航空领域的共同规则和建立欧洲航空安全局》	将欧盟管理权限扩展至除国家航空器以外的所有的无人机,而不仅限于最大起飞质量大于 150 千克的无人机
2019	EASA	《欧盟委员会第 2019/945 号授权条例　关于无人驾驶航空器系统和无人驾驶航空器系统第三国运营人》《欧盟委员会第 2019/947 号实施条例　关于无人驾驶航空器运行规则和程序》	统一了欧盟无人机管理规则,实现了无人机在欧盟范围内的跨国运行,促进了欧盟无人机行业发展

注:①欧洲空间局(European Space Agency,ESA),简称欧空局。
②欧洲航空安全局(European Union Aviation Safety Agency,EASA)。

(二)国外相关领域发展典型案例

1. 无人机应急救援领域

自然灾害事发突然且常伴有次生灾害发生。近年,频发的灾害事件造成了巨大的人员伤亡和财产损失,救援活动往往受到环境、时间的限制而无法及时掌握灾情并展开救援。不受起飞场地限制,可快速部署且具备一定侦测能力、载荷能力和通信能力的空中平台成为救援行动首选的最为快捷实用的装备手段。在最大限度减少人员伤亡并降低费效比方面,无人机平台具有造价低、操控灵活、使用简便等载人机和航拍卫星不可比拟的优势,它同时具备抗风能力强、起飞方式多样和飞行环境要求低等特点,可根据需求在中低空任意切换高程,非常适合完成各类抢险救援任务。

随着信息技术、新材料和新能源技术迅猛发展,依托各项综合技术成果研制的无人机日趋成熟,救援无人机在抢险救援中发挥着重要作用。从无人机在应急救援中的全球应用来看,世界上许多国家都已将无人机纳入应急救援体系。早在1996年,以色列就将无人机用于火情监测,2006年美国将无人机应用于飓风灾害的搜索救援;2011年日本在由地震引发的核泄漏事件中,使用搭载传感器的无人机检查核辐射范围。

此外,发达国家在战略上都注重航空应急救援装备的建设,积极开展救援无人机的研发,基本上形成了以直升机为主、无人机为辅的装备体系。美国政府建立了专业的航空救援队,与空军协同参与应急救援,美国空军配备的180架无人机都属于航空应急救援装备,同时美国政府鼓励通用航空企业参与救援。德国拥有发达的航空应急救援网络,且集中社会力量组建了多个民间救援组织,与军队组成的救援站点遍布全国。还有一些国家研发了防水无人机,可协助完成水上救援任务。

在无人机救援应用研发方面,欧洲在微小型无人机研究应用领域取得积极进展,英国、法国、荷兰、瑞士等国相继推出了自己的倾转旋翼式和涵道螺旋桨式无人机,有的采用先进的3D打印材料制作,有的注重发展其防撞性和可降解性,还有的在动力系统上大做文章,所研制的混合动力和可拆卸发动机(电动机)机型已进入试飞阶段。以色列在大型无人机方面重点研发救护/运送型无人机,比较典型的当属由以色列城市航空公司(Urban Aeronautics)的子公司研制生产的"鸬鹚"(Cormorant)无人机,能够在50公里的工作范围内运送500千克/架次的货物,10至12架该机可每日持续运送保障3000名救援人员的物资并同时完成伤病员的转运。其惊人的支援保障能力和在复杂地形的起降能力能够良好适应恶劣的救援环境。由以色列高科技公司研发的世界公认的首架大型救护无人机,结合了涵道式风扇无人机和救护车的双重特点,既能够垂直起降,也能在地面越野行驶,可完成双重选择自控救护任务。同时,发达国家都拥有一套较为完备的应急救援体系,例如美国实行联邦政府、地方、州三级响应机制;俄罗斯拥有专门的航空救援部门,负责全国的救援工作。总的来看,国外航空应急管理呈现系统化、规范化的特点。救援无人机正呈现出智能化、综合化和体系化的发展趋势。

2. 无人机机场领域

为了进一步提升无人机的无人化、自主化与智能化,无人机机场应运而生。无人机机场是行业场景的无人化应用载体,具备开箱即用、自主可控、稳定可靠、数据本地化、软硬件一体化、高环境适应性、多天气适应性等特点,可将无人机直接部署到作业现场,解决人工携带无人机通勤的问题,既能增强无人机应急作业能力,作业效率也得到大幅提升。目前,世界各国正积极推动无人机发展,美国、德国、以色列、加拿大、日本等国家已开发研制了自动化的无人机机场,广泛应用于通信设施巡查、物流配送、消防监测、应急搜救以及国防军事等领域。

美国 American Robotics 公司作为 FAA 首次批准的无人机机场企业之一,推出了 SCOUTBASE 无人机机场。日本电信服务提供商 KDDI 与韩国电信服务提供商 LGUplus,于 2020 年下半年宣布开始合作研制无人机机场及自动化无人机控制系统。加拿大 SkyX 公司研发了用于勘察的无人机 SkyOne 及无人机机场,作为 SkyOne 在进行输油或天然气输气管道检查时的远距离飞行接力点。德国运输公司 DHL 研制无人机机场 Parcelcopter Skyport,并且在雷特温克尔的巴伐利亚社区进行了 3 个月无人机快递试验,将无人机机场功能与物流装卸集成一体。联邦包裹速递服务公司(United Parcel Service,UPS)推出了一种无人机移动式自动机场,提高运输效率,且运送完包裹后,无人机可根据自动控制系统返航至自动机场中。以色列 Airobotics 公司获得了澳大利亚民航安全局(Civil Aviation Safety Authority,CASA)批准,允许其无人机机场在现场无人时进行远程操控,以用于应对各类场景的自动化作业。此外,还有美国 Matternet、Sunflower Labs,以色列 Sky Sapience、Airobotics、Arbe Robotics 等企业致力于无人机机场以及自动化控制系统的研究,包括航空巨头波音公司也涉足了该领域,并提出了一种倾向于消防、搜救以及军事用途的无人机机场专利。

近年来,陆、海、空、天等领域对无人系统的需求与日俱增。随着人工智能技术以及智能控制理论研究的不断发展,无人系统智能自主控制的创新研究出现在人类视野范围内。多无人系统中的协同控制问题是未来无人系统发展的核心研究内容之一,而国外发达国家在此领域,特别是多无人系统中的协同控制在无人车、无人机方面开展研究较早且取得一定进展。

早在 20 世纪 30 年代美国发明了第一款地面无人爆破车之后,地面无人系统呈现出螺旋式的发展趋势。截至 2013 年,美国已经完成开放式架构体系的开发。美国的有人、无人系统的协同,前期经历了从有人到无人的遥控、有人无人协同阶段,目前正处于开展全自主协同的研究阶段。1916 年 3 月,美国推进了分群式的无人机研究,即多架无人机能够协同飞行作业;2017 年 3 月,美国的相关部门启动终身学习机器项目,以推动人工智能机器人在实际行动中的应用;2017 年 6 月,美国在"真北"的神经元系统上研究开发类脑超算系统;2017 年 12 月,美国开始研究人工智能芯片,提出通过将人工智能芯片植入到大脑以改变人的基本情绪的设想;2018 年 3 月,美国无人机项目采用谷歌人工智能技术来提高无人机识别精度;2018 年 4 月 25 日,美国在未来地面人机组合计划中,专门研究了机器人和人工智能如何与人类协同行动问题。

第六章 "路空一体"发展展望

一、"路空一体"未来发展愿景

"路空一体"将着眼于深度融合交通资源要素,消除政府、企业、民众以及上下游产业链之间的信息壁垒、利益障碍和技术门槛,推动地面交通和空中交通的全面整合。

一是以地面交通基础设施为基础,在高速公路服务区、物流中心、客货场站、旅游景点、港口等关键交通基础设施和节点,增设或改造小型飞机起降平台及相关设施;二是整合多功能,包括应急救援、交通战备、医疗救援、抢险救灾、货运物流、旅游观光和通航服务等,实现地面和通用航空交通资源的联合利用和协同运行;三是推动通航领域的项目建设,包括"空地组网"和"无人机组网",以汇聚产业资源,形成产业网络,促进产业集聚,成为区域经济发展的新增长点,推动经济的可持续增长。

总之"路空一体"将为交通资源的高效利用和产业升级提供新的机遇和发展方向。

(一)"路空一体"助力建成可靠、便捷、低碳的立体智慧交通体系

"路空一体"将大幅提升公共交通和私人交通的效率、速度、舒适性和可靠性,使道路交通事故死亡率显著降低。无人机、无人车及飞行汽车等使用的可持续生物燃料、氢气和低碳能源生产的电力等,将替代传

统燃料,大幅降低与交通相关的二氧化碳排放量。面向城市空中交通和城乡空中交通的飞行汽车价格比传统航空器更便宜,更适合大规模生产。高效的空中交通管理,可持续生物燃料和电推进技术的推广使用,推动实现通用航空、城市空运和地面交通的减碳甚至零碳排放。地面智能交通和低空智能交通融合发展,将形成区域性的立体智慧交通,并成为国家综合立体交通网络体系建设的重要组成部分。

(二)"路空一体"助力建设智慧协同通达的新型城市群

"路空一体"能够使城市区域实现覆盖地上、地下和低空空间的区域功能复合,同时建立空间立体开发的集约紧凑结构,进而推进城市面貌个性化、多样化的发展。公共交通与大型公共建筑无缝连接集成,地下空间深度开发与空中交通系统立体分流,能够打造更高效的居民出行方式。无人车和飞行汽车将大规模替代传统汽车,实现安全、智能、零担忧城市驾乘,飞行汽车将在城市物流、消防和应急救援领域发挥作用。"路空一体"使城市群发展更加健康、协调,实现核心城市的功能疏解和区域都市圈乃至乡村的协同发展,使城乡发展更融合、资源利用更高效、人民生活更美好。

(三)"路空一体"将引领战略性新兴产业和未来产业高质量集群化发展

飞行汽车作为"路空一体"的核心交通载具,将成为新能源、新材料、新一代信息技术等领域颠覆性新技术应用的主要载体和重要场景,将带动产业发展史上规模空前的技术创新运动,形成在经济社会中具有全局带动和重大引领作用的未来产业。随着新一轮科技革命和产业变革向纵深推进,布局未来产业成为不容错过的战略机遇。面对百年未有之大变局,美日欧等发达经济体纷纷采取措施培育未来产业,在日益激烈的国际科技和产业竞争中占得先机。我国"十四五"规划纲要提出要前瞻谋划部署未来产业。"路空一体"将引领新能源汽车、新能源航空和新一代信息技术等战略性新兴产业高质量发展,将推动相关未来产业集群发展,是当今我国能够和国际创新保持同步、为数不多的重大创新机会之一。

(四)"路空一体"将塑造"双碳"目标任务中新的产业竞争优势与示范

"路空一体"是实现"双碳"目标任务的关键路径。"路空一体"充分利用产品、技术、市场的优势,根据物资、价值流动的方向,使产业不断向深度和广度发展。在落实"双碳"目标的过程中,"路空一体"日益呈现全产业链的绿色低碳,必将进一步呈现高度的协同、融合和一体化。

交通运输业减排是全球碳中和进程中的重要环节之一,对人类生活具有广泛而深远的影响。交通的温室气体排放主要来自航空、公路、铁路运输等领域的化石燃料使用,在能源相关行业的碳排放中交通运输业位居第二。"路空一体"是汇聚国家战略科技力量的先进交通范式,为绿色低碳战略的实施提供了有益借鉴,也是交通领域绿色低碳创新范式,其代表的"路空经济"开辟了新的产业发展路径。

二、"路空一体"技术发展方向

"路空一体"属于前沿新兴技术,目前已经具备较好的发展基础,随着导航通信、无人装备、数字化技术的快速发展,其技术将更加成熟、应用将更加广泛,这预示着"路空一体"将引领交通领域的重大变革,也将成为数字经济的新生长点。

(一)无人装备体系

无人装备体系是"路空一体"技术的核心。无人装备体系将呈现智能化、长续航、多功能化、集群化的发展趋势。

一是智能化。随着新一代信息技术的发展和融合应用,无人装备体系将更加智能化和自主化,人工智能技术的应用将使无人装备体系具备自主规划航线、避开障碍物、自主充电等能力,降低对人工操作的需求。

二是长续航。顺应当前能源革命需求和我国关于生态文明建设的战略部署,无人装备体系将以电能等清洁能源为主要动力,因此长续航成为无人装备体系亟须解决的重要问题。未来无人装备的续航能力和通信范围将得到进一步提升,新型轻量化材料将广泛应用,使其能够执行更长时间和更远距离的任务。

三是多功能化。高新技术的迅速发展使无人装备平台模块化、通用化、系列化成为可能,无人装备将朝着一机(车、船)多能的方向发展。进行系统设计时,优化内部结构,采用模块化技术,根据具体任务及时更换不同功能的机(车、船)载设备,可执行不同的任务,实现一机(车、船)多用。

四是集群化。随着无人装备的广泛应用,地面和低空将形成密集的线路网络。因此,多装备协同和群体智能将成为趋势,多个或者多种无人装备之间的协同工作和群组智能将成为发展的重点,以高效利用线路资源,实现更高的效率和更大范围的覆盖。

1. 无人机领域

随着科技不断发展,无人机逐渐走进了人们的生活和工作。无人机被广泛应用于很多领域,例如遥感、民用、军事等。

在民用无人机发展趋势方面,无人机的产品与技术发展主要包括以下五个方向:

一是朝着高端智能方向发展。主要体现在无人机的智能化程度进一步提高,无人机从遥控和预编程方式向全自主控制方向发展。

二是现有产品的适应性改造。通过改进现有产品,着重突出某一单项性能,例如在制造成本不变的情况下,最大限度增加载重,适应无人机在物流运输行业的应用。

三是向低成本、高产量方向发展。具体体现在消耗型应用场景下使用,无需高度智能化,只需要具备简单的协同和规避能力。

四是向高空、超长航时方向发展。此类无人机飞行高度极高,以新能源技术提供动力,具备超长续航时间,可提供通信、遥感中继服务。

五是系统向集成化、设备向模块化方向发展。体现在无人机信息链路设计的综合集成、重载荷轻平台、提供定制化功能等方面。

无人机应用模式主要包括以下四个方面:

一是提供定制化功能服务。目前国外很多无人机可以满足定制化服务需求,实现"一机多用"、性能多样化发展。例如,利用无人机搭载不同载荷之后可适用于多种作业环境,以满足不同作业环境的要求,常用于地形测绘、环境监视、技术检测、目标指示、效果评估、预警探测、通信中继、通信组网等。

二是提供数据服务。无人机作为空中的数据端口,针对不同行业进行数据采集、传输和存储、提取、分析和展现,为用户提供更精确、更强大的数据流服务。具体应用场景包括环境监测与执法,消防和管道电力线监测,监控公路铁路、智能空中交通、国家边境、灾区山区、石油天然气、大气污染、气象等数据。

三是提供租赁服务。对于无人机的多样化应用,提供租赁服务是一种新的探索,部分行业对无人机租赁有一定需求,例如安全监测、物流运输配送等。

四是无人机在民用领域的培训服务。随着无人机应用场景的拓展,对于无人机操控员的培训不仅局限于拿到驾驶员、机长或教员资质,而且会延伸到通航领域进行各种特情训练,比如航测巡线、电子网络防御、后勤救援、物流运输等专项培训。

2. 无人车领域

未来无人车将继续在改变城市出行方式、提高交通效率和推动可持续交通发展等方面发挥重要作用。这一领域还需要克服许多技术、法规和社会接受度等挑战,才能发挥其潜力。近年来,随着人工智能、机器学习和大数据等领域的快速发展,自动驾驶技术得到了极大的提升。未来无人车将继续受益于自动驾驶技术的不断进步,包括感知、决策和控制系统的改进。随着更先进的传感器技术、高精度地图和机器学习算法的发展,无人车的自动驾驶能力将更加成熟和可靠。无人车将不仅限于自动驾驶汽车,还包括无人货运车、出租车、公交车等各种商业化应用,将在城市交通、物流、配送等领域得到广泛使用,提高运输效率并降低成本。未来无人车有望成为共享出行模式的一部分,推动城市交通的智能化和绿色化发展。用户可以通过共享平台访问无人车,提高了城市交通资源的利用率,减少交通拥堵和环境污染。无人车有望与电动汽车技术相结合,以减少对化石燃料的依赖,降低碳排放,而无人车的智能路线规划和节能驾驶技术也有助于提高能源利用效率。同时,城市将逐渐适应无人车的到来,包括更新和改造交通基础设施,改善交通管理系统,以及重新规划城市道路和停车设施。无人车的发展需要更严格的安全标准和法规来确保交通安全。此外,无人车技术的测试和认证也将变得更加严格。未来还有可能出现飞行汽车与无人车的交通集成,即将陆地交通与空中交通相结合,以提高城市出行的效率和灵活性。

3. 无人船领域

无人船正朝着更加自动化、环保、数字化和安全的方向发展,将提高无人船的运营效率,减少环境影响,降低成本,提高安全性,并推动整个航运业的创新和发展。无人船将受益于自动驾驶技术的发展,在不需要人员驾驶的情况下执行航行和操纵任务。无人船将使用物联网技术,连接各种传感器和设备,以实时监测船舶的性能和状态,提高航行的安全性和效率;远程操作技术能够让船舶在远离海岸的情况下远程监控和操作;大数据技术将通过分析大量的数据来提高无人船的性能、减少故障和维护成本。

4. 飞行汽车领域

飞行汽车是未来交通工具的重要发展方向之一,其发展趋势包括以下几个方面：

一是自动化。随着自动驾驶技术的发展，飞行汽车也将向自动化方向发展。自动驾驶技术可以显著减轻驾驶员的工作负担，提高行驶的安全性。

二是智能化。飞行汽车可以集成人工智能技术，为驾驶员提供更加智能化的驾驶辅助和服务，例如自动调节驾驶模式、自动避免碰撞等功能。

三是绿色化。随着环保意识的不断提高，飞行汽车未来将朝着更加环保的方向发展。未来飞行汽车可能会采用电动或者混合动力技术，以减少对环境的污染。

四是互联网化。飞行汽车也可以集成互联网技术，为驾驶员提供更加智能的服务和体验，例如智能路线规划、实时交通信息提示等。

五是多功能化。未来飞行汽车将是一种可以满足多种需求的多功能交通工具，例如旅游、运输、救援等。

飞行汽车的发展仍面临诸多瓶颈，还需跨界协同创新。

首先，飞行汽车发展面临规则未定、市场未开等问题。规则方面，尽管近年来陆续出台了包括《无人驾驶航空器飞行管理暂行条例》以及《中国民用航空规章第92部运营许可的申请和颁发》等相关政策，跨界融合的规则仍然缺乏，车规和航规的标准、空中和地面的交通规则仍难统筹；市场方面，尽管飞行汽车的概念正被越来越多的人了解，但很多人仍停留在机械化时代"汽车飞起来"的认识阶段，甚至认为这是科幻，而且飞行汽车的基础设施、运营模式、经济成本、用户体验以及公众接受程度等问题都未解决。

其次，飞行汽车发展还需突破载荷航程、智能驾驶以及适航安全等瓶颈。载荷航程方面，当前飞行汽车采用的新能源动力系统功率密度较低，难以满足有效的交通运载需求；智能驾驶方面，尽管有智能汽车的借鉴和"先载物后载人"的积累，完全智能可控的低空自动驾驶技术仍有待改进和验证；适航安全方面，尽管民航局已经受理了亿航、沃飞等多家企业及产品的审定申请,但飞行汽车涉及的电安全、热安全、智能驾驶安全的适航研究仍然欠缺。

最后,飞行汽车发展还需跨界融合探索及协同推进。飞行汽车不仅载具本身横跨汽车和航空领域,其运行保障也并非独立,作为交通运输体系的新兴组成部分,该如何为人和物的位移以及各行各业的需求服务,如何与传统交通运输方式融为一体并形成互补,都需要相关各界共同促融。飞行汽车要推广应用,还须从产业链上下游协同的视角统筹推进,从而实现研发制造、安全监管与飞行运行的闭环协同发展。目前国内飞行汽车企业还停留在展示飞行或测试飞行阶段,应尽快推动真实的应用场景以牵引集群化的创新。

(二)基础设施体系

基础设施体系是"路空一体"的发展基础,将呈现数字化、网络化、多功能化的发展趋势。

一是数字化,随着无人装备体系的智能化发展,数字基础设施需求紧迫,低空数字航路、水上数字航路、"路空一体"基础设施监测网络等成为未来交通基础设施的发展方向,需要突破基础设施数字化软件、交通专用公共数字地图、地空一体的数字航路构建、智能传感器等技术。

二是网络化,未来随着无人装备的广泛应用,需要形成一张集合了地空各类基础设施的网络,同时也需要集成一个公共的通信平台、导航平台和监视平台,需要突破基础设施精细化感知、多源异构数据融合等技术。

三是多功能化,资源集约节约利用是未来的主题,依托现有基础设施拓展功能,为新型载运工具服务是必然趋势,需要突破公路、机场、港口、客货运场站等基础设施"一体多能"的规划、设计、建造、管控技术。

（三）配套保障体系

配套保障体系是"路空一体"的神经网络，将呈现通信快速、能源自洽、管控智能的发展趋势。

第一，通信导航保障是无人装备与基础设施协同、陆海空天无人系统跨域协同的纽带。未来，随着通信技术的发展，"路空一体"发展需要加快高可靠、低延时通信技术的应用，加强基于北斗的高精度定位导航技术应用。

第二，能源动力保障是"路空一体"发展的核心驱动。无人装备将联结成网，自洽能源系统将成为无人装备能源补给的重要保障，需要突破交通能源互联网、交通导向的多源多态能源转换控制与管理、基础设施分布式光伏发电及并网、交通能源产储配用一体化等技术。

第三，运营控制保障是"路空一体"发展的指挥中枢。通过一道道指令让整个"路空一体"系统有序运转，自主式的交通系统将成为"路空一体"运营控制的重要支撑，需要突破系统数字化、全息感知、互操作、交通计算、自主运行等关键共性技术，形成支撑自动驾驶、自主航行和自主飞行等未来交通形态的运营控制核心技术。

（四）"路空一体"标准体系

科技创新，标准先行。由我国主导制定国际标准，能够赢得技术研发和市场开拓的主动权，对规范我国"路空一体"行业健康、有序发展，提高国际竞争力意义重大。当前，依托国家高速宽带网络建设，以及人工智能、材料科学、微电机技术加持，各种飞行在不同距离和高度的"空中机器人"越来越多地承担起科学研究、气象观测、应急救援等负载任务，各种无人驾驶车辆穿梭在物流园区、港口，与此同时，我国"路空一体"系统的标准体系建设也在提速。《无人驾驶航空器飞行管理暂行条例》等政策的出台，将进一步推动监管体系的完善，抑制行业的"野蛮生长"，释放相关应用的巨大商业潜力。"路空一体"标准国际化工作将成为全球竞争的焦点和热点。另外，目前的标准体系主要集中在装备方面，在基础设施建设、运行服务、各种运输方式融合等方面的标准体系仍然有待完善，建立全面覆盖管理标准、技术标准、服务标准的"路空一体"标准体系，是推动我国"路空一体"产业高质量发展、打造未来交通产业新的增长极的重要抓手。

三、"路空一体"未来产业发展潜力

"路空一体"产业链较长，除了传统的装备生产制造环节外，还涉及交通基础设施的改扩建和数字化，针对用户使用过程的金融保险、运营服务、通信保障等产业，以及数据采集、航拍服务等基于应用场景的专业服务。无人机作为"路空一体"产业的核心，2014—2022年间，我国无人机专利申请量合计达到121640件，这使我国拥有产业自主发展的主动权和先发优势。因此，"路空一体"已经成为我国未来产业开辟新赛道、抢占发展主动权的重点领域。

（一）开辟交通装备制造产业新赛道

当前，世界百年未有之大变局加速演进，局部冲突和动荡频发，全球性问题加剧，世界进入新的动荡变革期，要加快建设科技强国，实现高水平科技自立自强。我国交通装备研发制造产业起步较晚，与西方发达国家存在较大差距，尤其是专利、标准等均掌握在西方发达国家手中，关键核心技术受制于人，如发动机、高性能轴承、高性能传感器、机翼等关键核心零部件，专业工程软件系统、交通装备动力传动系统、高性能合金和复合材料等技术，在产业竞争中存在明显的后发劣势，导致我国交通装备制造长期处于产业链底端。"路空一体"是影响未来交通出行的颠覆性产业，涉及无人机、无人车、无人船和飞行汽车等交通装备的制造，具有智能网联、清洁低碳的典型属性,是与传统交通装备制造产业并行的新赛道。以无人机为例,目前我国已经有大疆、中兴等无人机龙头企业,具备抢占未来产业主动权的先发优势。"路空一体"给交通装备制造产业带来的革命性影响,将促进我国高端装备制造业的发展,推动新型载运工具的研发、设计、制造等相关的电动系统、零部件、总装集成技术进步,将促进我国电子信息产业的发展,推动智能芯片、智能传感器的研发制造,将促进我国新能源产业的发展,推动锂电池以及其他新能源电池的技术突破和应用,将促进我国新材料产业的发展,推动纳米技术、航空新材料等研发和应用,形成未来产业竞争优势。

1. 网络通信产业

从产业与智慧交通网络建设的关系看,智慧交通是一种智能化的服务体系,5G作为万物互联的关键技术,将全面影响智慧交通的发展速度。未来网络通信正朝着确定性网络、柔性智能网络、空天一体网络、感知-通信-计算一体化网络等趋势发展,必然在提升智慧交通网络的管理水平、交通运输管理的实时性和准确性等方面发挥关键作用。从产业发展情况看,目前,深圳是全国5G重点企业分布最多的城市,5G基站密度全球第一。5G应用已加速落地,且应用场景较多,涉及交通、医疗、城市管理等多个方面。网络通信产业是智慧交通网络建设的关键基础设施,而智慧交通网络建设需要产业提供通信等方面的支撑,促进产业技术创新和产业生态布局。网络通信产业应重点发展5G核心网、光芯片、超低损耗光纤等通信技术,以及由软件定义网络(Software-defined Networking,SDN)、网络功能虚拟化(Network Functions Virtualization,NFV)技术解决方案提供的服务。

2. 智能网联汽车产业

从产业与地空立体化智慧交通网络建设的关系看,智能网联汽车是解决交通安全、道路拥堵、能源消耗、环境污染等问题的重要手段,智能网联汽车产业是汽车、电子、信息通信、道路交通运输等行业深度融合的新兴产业,将带动汽车产业技术变革和加速升级。从产业发展情况看,深圳市在智能网联汽车领域的聚集程度较高,初步形成了比较完整的产业链上下游配套。2021年3月,《深圳经济特区智能网联汽车管理条例(征求意见稿)》在网上公开征求意见,深圳市拟率先立法准许无人驾驶汽车入市上牌营运。我国在智能网联汽车产业的汽车电子、信息交互和基础支撑三大领域,形成了较为完善的产业布局,在人工智能算法与芯片、机器视觉、激光雷达、毫米波雷达、先进驾驶辅助系统、车用无线通信技术(Vehicle to Everything,V2X)终端设备、智能交通系统、自动驾驶解决方案、检测检验等各个领域已形成了较完整的技术、产品和服务体系,新产品和新业态不断涌现,产业呈爆发式增长。地空立体化智慧交通网络通过自动驾驶等场景带动智能网联汽车产业发展,智能网联汽车应推动核心零部件的集聚,重点攻关激光雷达、多传感器融合感知、车规级芯片设计、5G车联网通信等关键核心技术的研发与应用,形成相关技术势能,有效实现向飞行器等方向的转化。

3. 智能传感器产业

从产业与地空智慧交通网络建设的关系看,智能传感器是智能制造、机器人、工业互联网发展的重要支撑,也是智能网联汽车和智慧城市的核心环节。智能传感器在智慧交通网络中发挥不可替代的重要作用,并在交通运输的各个领域有着广泛的应用。无线传感器构成的传感网络具备优良特性,可以为智能交通系统的信息采集提供有效手段,而大量数据有助于交通规划,助力智慧交通网络的建设。目前,传感器产业呈现"小而精"的特点,产品涉及范围广泛,涵盖航空航天、能源、医疗、交通、民生等领域。智能传感器产业具备一定的发展基础,智能传感器是地空立体化智慧交通网络的核心环节,智慧交通网络建设将带动智能传感器产业创新发展,应围绕先进智能传感器研发中试、应用示范环节引导企业聚集,打造良好发展环境,推动产业发展。

4. 飞行汽车产业

飞行汽车的发展前景具有确定的技术支撑。电动汽车和智能网联汽车的长足进步,为飞行汽车的发展提供了技术和产业储备;电动垂直起降飞行器即电动飞行汽车的出现,使得高安全性和低噪声的城市空中交通成为可能;汽车电动化和智能化的发展将建立"路空一体化",航空电动化和智能化的发展将建立"空地一体化",这两方面技术的发展必将为未来的立体智慧交通提供支撑。飞行汽车作为交通运载工具,是碳达峰、碳中和目标下的创新产物,是通用航空"起飞"、民航绿色发展的重要方向,是新一代信息技术与汽车、航空产业深度融合,发展数字经济的重要载体,是交通强国建设、构建综合立体交通网的重要内容。飞行汽车将带动"地面智能交通"向"低空智能交通"发展,并融合形成划时代的"立体智慧交通",从而引领交通运输走向真正的"三维融合"。

(二)推动基础设施建造产业全面转型升级

交通装备与基础设施是一体化、协同化的,基础设施是交通装备发挥作用的载体和基础,为适应新型载运工具的应用,交通基础设施将迎来转型升级的重要契机。当前,我国交通基础设施规模已经位居世界前列,传统基础设施投资潜力降低,新型交通基础设施建设成为未来发展的重点方向,尤其是无人机、无人车、无人船、飞行汽车等新型载运工具的应用,需要基础设施更加网联化、多功能化。"路空一体"依托国家现有交通基础设施网络布局,将大力推动基础设施的设计、建造方式向多功能、一体化转变,如无人机、飞行汽车等的起降设施网络、智能充电桩的规划建设将更多地依赖传统基础设施改造,实现与现有基础设施的高度融合发展,集约高效利用国土资源,贯彻落实国家生态文明建设的战略部署。另外,数字基础设施将成为未来交通基础设施建设的新主题,如低空数字航路、水上数字航路、"路空一体"基础设施监测网络等。交通基础设施将在新型载运工具的引领下,迎来新一波建设高峰,推动我国经济高质量发展。

(三)形成适应未来交通的运营服务产业

随着新一轮科技革命和产业变革加速演进,以新一代信息技术为核心的主导技术群,将全面推动全球产业重构,"路空一体"发展将形成新型的出行模式和物流方式,对运营服务产业发展提出了新的更高要求。智能化、自动化特征更加凸显,人工智能、大数据、5G、北斗、ADS-B(广播式自动相关监视)、云计算、边缘计算等新一代信息技术应用需求激增,将促进信息技术的研发和产业化应用。另外,"路空一体"应用的关键是自主式的交通系统技术支撑,其快速发展将推动系统数字化、全息感知、互操作、交通计算、自主运行等共性技术研究,形成支撑道路自动驾驶、智能轨道交通、自主航行和自主飞行等未来交通形态的核心技术与系统装备,形成自主式交通系统的产业体系。最为重要的是,"路空一体"发展将以其丰富的应用场景,推动我国第三产业发展,依托"路空一体"应用,可开展空中观光、空中飞行体验、短途出行、航拍等娱乐飞行业务,以及应急救援、医疗救护、交通疏导、通信中继、环境及城市运行监测等政府公共服务飞行业务,全面推动服务业转型升级,形成新的服务业态。

1. 自动驾驶产业

随着自动驾驶技术的发展,其市场规模也在不断扩大。根据互联网数据中心(Internet Data Center,IDC)的报告,到2025年,全球自动驾驶汽车市场规模将达到800亿美元,年增长率超过35%。目前,无人驾驶出租车、公交车、物流车等已经开始在一些城市试点运营,预计将有更多自动驾驶汽车投入商业运营。未来,自动驾驶产业将呈现以下趋势。

趋势一:以场景为先导。

自动驾驶全栈解决方案提供商将分批实现商业化。在限定场景下，高等级自动驾驶技术将于未来3年左右率先实现商业化；所谓限定场景是指某些具有地理约束的特定区域，此类区域驾驶环境单一、交通情况简单，几乎没有或只有少量外界车辆和行人能够进入，限定场景因驾驶范围的限制，使得自动驾驶实现难度降低，相关企业将在未来3年左右率先实现商业化。而开放道路由于环境复杂，仍有较多"长尾问题"待解决，至少需要10年时间才能实现商业化；开放道路由于无地理约束限制、进入区域的行人和车辆种类数量多、车辆速度快等因素，实现自动驾驶的难度高，目前尚处于早期发展阶段，自身技术尚未成熟，其大规模商业化时间预计在10年以后。

趋势二：自动驾驶非全栈解决方案提供商迎来发展机会。

近几年，自动驾驶产业链由粗放式转向精细化方向发展，自动驾驶非全栈解决方案提供商逐渐受到业界关注。从产业链构成来看，目前自动驾驶执行层基本被国际Tier1（一级供应商）垄断，很难有初创企业能够位列其中；感知层和决策层零组件供应链分散，企业类型丰富，初创企业相对容易切入。

趋势三：车企更注重方案量产。

未来更多车企将致力于实现部分L3级自动驾驶技术量产。当前，国内主流车企大多已经推出L2级自动驾驶量产车型，但驾驶员仍需要时刻观察行驶情况。预计未来三年，车企将重点研发智能化程度更高的L3级自动驾驶技术，依据技术可量产与用户需求两大指标，拥堵自动辅助驾驶（Traffic Jam Pilot, TJP）和高速自动辅助驾驶（Highway Pilot, HWP）将成为未来国内车企L3级自动驾驶研发的重点方向。

趋势四：各地政府越来越关注自动驾驶技术。

未来各地政府将与相关企业探索多种合作模式。从2015年至2020年，我国发布多项相关政策，关注点从智能网联汽车细化至自动驾驶汽车。2020年初，我国相继出台《智能汽车创新发展战略》与国家标准《汽车驾驶自动化分级》（GB/T 40429—2021），进一步明确自动驾驶战略地位与未来发展方向。截至2019年底,国内共有25个城市出台自动驾驶测试政策;江苏、广东、湖南、河南、海南(征求意见)5个省份发布省级自动驾驶测试政策。

趋势五:资本对自动驾驶技术呈观望态度。

我国创投圈对自动驾驶技术的关注始于2014年,此后6年间,资本对自动驾驶的看法经历了开始关注、疯狂追逐、逐渐冷淡三个阶段。此前,由于企业对自动驾驶商业化预期偏高,吸引大量资本进入,估值飙升。2020年,大多企业没有完成既定计划,相关技术仍在迭代中,不甚成熟。同时,过高的估值导致资本难以继续加持。未来三年,资本将站在新角度重新审视这项技术,企业单纯"讲故事"已不足以吸引资本加入,资本对自动驾驶的关注重点由最初的团队人才背景、商业前景,变为企业现阶段技术发展进程、商业模式落地的可行性。

趋势六:车路协同技术迅速发展。

车路协同将成为高等级自动驾驶背后驱动力。车路协同是指借助新一代无线通信和互联网技术,实现车与"X"的全方位网络连接,即车与车(Vehicle-to-Vehicle,V2V)、车与路(Vehicle-to-Infrastructure,V2I)、车与人(Vehicle-to-Pedestrian,V2P)、车与平台(Vehicle-to-Network,V2N)之间的信息交互,并在全时空动态交通信息采集与融合的基础上,开展车辆主动安全控制和道路协同管理,充分实现人车路的有效协同。我国采用车路协同技术路线为C-V2X,现在国内已基本完成LTE-V2X标准体系建设和核心标准规范制定,政府和企业双方也正在推动LTE-V2X的产业化进程。从演进阶段来看,车路协同共分为协同感知、协同决策和协同控制三个阶段,目前我国仍处于协同感知阶段。在5G技术不断发展的情况下,LTE-V2X正在向5G-V2X方向转变,这种低时延、高可靠性和高速率的特性对车路协同的发展有极大促进作用,能够进一步提高车路的信息交互效率,保证高等级自动驾驶车辆的安全。

2. 飞行汽车产业

根据美国国际金融服务公司摩根士丹利（Morgan Stanley）的预测，飞行汽车的全球市场规模将在 2040 年达到 1 万亿美元，其中中国的市场规模将突破 2600 亿美元。eVTOL 市场可分为低空物流、空中出租车、短途航空、公共服务等四大细分市场。

（1）低空物流市场

预计 2040 年低空货运物流的市场规模将达到 5170 亿美元，主要覆盖核心城市中央区到郊区配送站点的交付市场，将替代一部分传统短途航空货运和中短途汽车货运。

（2）空中出租车市场

预计这部分市场在 2040 年达到 4570 亿美元的规模，将逐渐替代少部分出租车、网约车市场与传统商业直升机通勤市场，最终成为一种既省时又经济的中短途出行方式。

（3）短途航空市场

预计 2040 年该部分的市场规模为 170 亿美元，市场的扩大将很大程度依赖于电池技术的革命性突破，对传统短途航班替代的数量较少。

（4）公共服务市场

预计 2040 年该部分的市场规模达 100 亿美元，主要包括救援、消防、植保、军警等领域，对适用范围和技术的可靠性有一定要求。2022 年，全球飞行汽车公司的数量已达 150 多家，包括波音公司、巴西航空等传统航空企业巨头，吉利、丰田等传统汽车企业，以及亿航、Lilium 等新兴科技公司，均已加入飞行汽车研发的行列。其中，不少企业受到资本市场的追捧，全球已经有 6 家 eVTOL 企业登陆股票市场，有 4 家成为独角兽企业。

(四)带动服务未来交通的配套产业发展

"路空一体"具有较长的产业链、较强的带动性,配套产业需求旺盛,能够形成一系列配套产业,将促进金融保险、科技服务、人力资源等产业发展。如《无人驾驶航空器飞行管理暂行条例》中规定"使用民用无人驾驶航空器从事经营性飞行活动,以及使用小型、中型、大型民用无人驾驶航空器从事非经营性飞行活动,应当依法投保责任保险",这为保险业发展提供了新的业务领域。未来,随着无人机、无人车、无人船、飞行汽车等装备的快速发展,装备的充电、加油、维护、保养和修理服务产业也将同步发展,这既是对"路空一体"的充分保障,也有利于形成全方位的配套产业体系。

附　　录

附录1　2022—2024年大事记

1. 美国加利福尼亚州批准通用汽车/谷歌提供自动驾驶客运服务

2022年3月3日,加利福尼亚州公共事业委员会向通用汽车和谷歌的自动驾驶部门发放了许可证,允许安全驾驶员在场的情况下使用自动驾驶汽车提供客运服务。通用旗下的Cruise和谷歌旗下的Waymo都获得了商用部署许可证,可以向乘客收取车费,还可以提供拼车服务。从3月7日开始Cruise可在旧金山的一些公共道路上提供服务,时间为晚上10点到次日早上6点,车速可达30英里①/小时;Waymo可以在旧金山和圣马特奥的部分地区以65英里/小时的车速提供服务。但运营场景仍有限制,两家公司都不被允许在大雾或大雨天气运营。

2. 日本允许特定条件下L4级别自动驾驶车辆上路

2022年3月4日,日本政府通过由警察厅提案的《道路交通法修正案》,允许特定条件下L4级别自动驾驶车辆上路,允许特定条件下无人配送机器人在人行道行驶。开展L4级别自动驾驶无人运输服务必须得到县公安委员会的许可,同时听取国土交通大臣和自动驾驶区域市、街道、村长的意见。服务经营者应配置"特定自动运行负责人",负责人可以乘车监控运行或远程监控运行车辆,允许一人运行多辆车辆,事故发

---

① 1英里=1609.344米。

生时承担和驾驶员同样的救护义务。在 L4 自动驾驶车辆造成人员伤亡的情况下，不按驾驶致死伤罪处罚，但经营者和责任人有可能按业务过失致死伤罪处罚。

3. 美国首次允许自动驾驶汽车不设转向盘

2022 年 3 月 10 日，美国运输部国家公路交通安全管理局发布了《无人驾驶汽车乘客保护规定》，首次明确全自动驾驶汽车不需要配备转向盘、制动或加速踏板等手动控制装置，以满足碰撞中的乘员安全保护标准。新规定明确了针对未配备传统手动控制装置的自动驾驶系统车辆的乘员安全保护标准。

4. 重庆市永川区允许主驾无人自动驾驶车辆上路测试

2022 年 5 月 25 日，重庆市永川区发放了《智能网联汽车政策先行区（永川区）自动驾驶车辆无人化测试通知书》，百度成为首个在重庆获得"方向盘后无人"自动驾驶车辆测试许可的企业。通知书由重庆市永川区智能网联汽车政策先行区联席工作小组颁发，百度 5 辆 Apollo Moon 极狐版车型获准在重庆市永川区 85 平方公里的开放测试道路上进行无人化自动驾驶测试。

5. 广州市南沙区开展自动驾驶混行试点示范运营

2022 年 6 月 30 日，广州市智能网联汽车自动驾驶混行试点首发活动在南沙区举行，颁发了南沙区首批《示范运营车辆标志牌》，正式开展自动驾驶示范运营。同日，小马智行在南沙常态化运行三年多的自动驾驶出行服务"PonyPilot＋"正式开启收费运营，采用广州市出租汽车统一定价标准，乘客可使用"PonyPilot＋"App 预约车辆，并通过支付宝或微信完成付费。南沙区成为广州市首个智能网联汽车混行试点区，符合南沙区相关资质要求并取得《示范运营资格通知书》的自动驾驶企业，以及取得《示范运营车辆标志牌》的自动驾驶车辆，可在规定区域范围内开展示范运营。

6. 深圳市发布国内首部智能网联汽车管理法规

2022年7月5日,国内首部关于智能网联汽车管理的法规《深圳经济特区智能网联汽车管理条例》(以下简称《条例》)正式发布,自2022年8月1日起施行。《条例》共九章六十四条,涵盖了从智能网联汽车自动驾驶的定义、市场准入到权责认定等方面的具体规定和管理办法。

《条例》的亮点:一是明确了智能网联汽车自动驾驶的定义;二是可以在车路协同基础设施较为完善的区域开展测试应用;三是在市场准入方面,明确列入产品目录并登记方可上路;四是规定智能网联汽车安全提示规则;五是首次明确交通事故责任划分。《条例》的出台填补了我国智能网联汽车的法律空白,为智能网联汽车创新发展提供了坚实的法律保障。

7. 北京市开放自动驾驶"主驾无人"出行服务商业化试点

2022年7月20日,北京市高级别自动驾驶示范区工作办公室宣布正式开放国内首个"主驾无人"出行服务商业化试点。百度和小马智行成为首批获许企业,将在北京市经济技术开发区核心区60平方公里范围内投入30辆主驾无人车辆,开展常态化收费服务。

8. 嘉兴南湖路空协同立体交通产业研究院成立

2022年7月23日,嘉兴南湖路空协同立体交通产业研究院成立。嘉兴南湖路空协同立体交通产业研究院将建成综合立体交通领域省级新型研发机构,构建支撑国家战略科技力量产业技术攻关的专业化、工程化、开发型研究院,协同相关资源建设示范基地。主要进行综合立体交通技术创新、融合、检测、认证等方面研究,形成"研究院+测试场+示范基地"的产学研用一体化科技高地。

9. 交通运输部公布首批18个智能交通先导应用试点项目

2022年8月22日,交通运输部办公厅印发《关于公布第一批智能交通先导应用试点项目(自动驾驶和智能航运方向)的通知》(交办科技函〔2022〕1253号),同意将"北京城市出行服务与物流自动驾驶先导应用试点"等18个项目作为第一批智能交通先导应用试点项目,主要聚焦自动驾驶、智能航运技术发展与应用,面向公路货物运输、城市出行与物流配送、园区内运输、港口集疏运和码头集装箱运输、沿海及内河智能航行等场景先行开展试点示范,探索新一代信息技术与交通运输深度融合的解决方案。

10. 上海市立法推进无驾驶人智能网联汽车应用

2022年11月28日,上海市人民代表大会常务委员会发布《上海市浦东新区促进无驾驶人智能网联汽车创新应用规定》,适用于在浦东新区行政区域内划定的路段、区域开展无驾驶人智能网联汽车道路测试、示范应用、示范运营、商业化运营等创新应用活动以及相关监督管理工作。重点聚焦促进和规范无驾驶人智能网联汽车的创新应用,主要内容包括:明确适用范围和管理体制、完善创新应用流程、加强道路交通安全管理和风险防控、强化网络安全与数据安全保护、明确应急处置要求和相关法律责任、明确无人驾驶装备创新应用要求等。

11. 北京市颁发"无人化车外远程阶段"道路测试许可

2022年12月30日,北京市智能网联汽车政策先行区颁发"无人化车外远程阶段"道路测试许可,百度、小马智行成为首批获得许可的企业。北京市智能网联汽车政策先行区的"无人化"测试划分为"副驾有人""前排无人,后排有人""车外远程"三个阶段,此次许可的颁布,标志着北京的"无人化"测试已进入"车外远程"的第三阶段。

12. 日本推动发展"下一代空中交通"

低空经济被日本称为"下一代空中交通"。2022年,在经济产业省和新能源产业技术综合开发机构发布的"实现下一代交通方式的社会应用"中提出:在5年内,通过技术开发和实证,进一步扩大无人机的应用；力争在 2025 年大阪关西世博会上实现飞行汽车的应用和商业化。在无人机方面，2022 年 12 月，日本政府颁布了《航空法》修正案，进一步推进无人机从"无人区目视外飞行（等级 3）"向"载人区目视外飞行（等级 4）"的验证试验。

13. 美国白宫科技政策办公室发布《国家航空科技优先事项》

2023 年 3 月 17 日，美国白宫科技政策办公室发布了《国家航空科技优先事项》，文件提出了优先发展的新航空技术，包括小型无人机和先进空中交通飞行器，如电动垂直起降飞行、电动短距起降飞机和其他高度自动化的电动客货运飞机。美国空军通过"敏捷至上"项目极力推进 eVTOL 无人机军事化应用，向美国企业 Joby 采购了价值 1.31 亿美元的 eVTOL 订单。

14. 美国联邦航空局发布《城市空中交通运行概念 2.0》

2023 年 5 月 3 日，美国联邦航空局发布《城市空中交通运行概念 2.0》，提出了城市空中交通体系的架构设计、运行概念、管理政策、发展路径等，为美国加快发展城市空中交通并融入当前交通体系提供了明确指导。

15. 国务院、中央军委公布《无人驾驶航空器飞行管理暂行条例》

2023 年 5 月 31 日，国务院、中央军委公布《无人驾驶航空器飞行管理暂行条例》，自 2024 年 1 月 1 日起正式施行。这标志着作为低空经济主导产业的无人机产业迈入"有法可依"的规范化发展新阶段。《无人驾驶航空器飞行管理暂行条例》贯彻总体国家安全观，统筹发展和安全，坚持底线思维和系统观念，以维护航空安全、公共安全、国家安全为核心，以完善无人驾驶航空器监管规则为重点，对无人驾驶航空器从设计生产到运行使用进行全链条管理，着力构建科学、规范、高效的无人驾驶航空器飞行及相关活动管理制度体系，为防范化解无人驾驶航空器安全风险、助推相关产业持续健康发展提供有力法治保障。

16. 深圳低空产业呈现集群效应

2023年6月,全球知名eVTOL研发制造商德国Lilium宣布其中国总部落地深圳;紧随其后,广州亿航、上海峰飞等国内eVTOL龙头也纷纷宣布进驻深圳;美团在龙华落地首个无人机智能制造中心并正式投产。深圳的低空产业呈现集群效应,低空元素渗透到百业百态。

17. 美国Joby首架量产eVTOL获得FAA颁发特殊适航证

2023年6月28日,Joby公司在其位于美国加利福尼亚州的试制生产线上所量产制造的首架倾转旋翼电动飞机获得美国联邦航空管理局颁发的特殊适航证书,允许其首架量产原型机进行飞行测试。

18. 北京市开放自动驾驶"车内无人"商业化试点

2023年7月7日,北京市高级别自动驾驶示范区工作办公室在2023"协同未来"自动驾驶未来城市嘉年华活动开幕式正式宣布,在京开放智能网联乘用车"车内无人"商业化试点。基于《北京市智能网联汽车政策先行区自动驾驶出行服务商业化试点管理实施细则(试行)》修订版,企业在达到相应要求后可在示范区面向公众提供常态化的自动驾驶付费出行服务。

19. 美国旧金山允许无人驾驶出租汽车全天候商业化运营

2023年8月11日,美国加州公用事业委员会批准Cruise和Waymo在旧金山提供全天候(每周7天、每天24小时)的无人驾驶出租汽车(车上没有安全员,完全由机器算法操纵车辆)收费服务。

20. 自动驾驶汽车安全运行国际标准发布

2023年8月,首个自动驾驶汽车安全运行的国际标准《ISO 34503:2023 道路车辆 自动驾驶系统测试场景 运行设计域规范》(ISO 34503:2023 Road Vehicles Test scenarios for automated driving systems

Specification for operational design domain)正式发布。该标准通过创建一种定义自动驾驶车辆运行条件的通用方法(运行设计域,ODD),为自动驾驶车辆的安全部署奠定了基础。ODD 定义的层次分类法和定义格式,能够实现高效的自动驾驶系统场景创建和场景参数化,使得自动驾驶系统制造商能够在其设计中指定、实施和传达最低安全要求,并允许最终用户、运营商和监管机构在其采购中参考 ODD 属性和性能要求的最低集合。

21. 2023 低空经济发展大会召开

2023 年 9 月 15 日,2023 低空经济发展大会在安徽芜湖开幕,以"发展低空经济,创享美好未来"为主题,众多专家学者、龙头企业代表、行业组织共同探讨低空经济的发展前景和路径。会上,国家低空经济融合创新研究中心主任敖万忠发布了《中国上市及新三板挂牌公司低空经济发展报告(2023)》(以下简称《报告》)。《报告》显示,截至 2022 年底,我国有低空经济相关业务的上市公司以及新三板挂牌公司共 38 家,其中开展有人机业务的公司有 25 家,开展无人机业务的有 13 家。2022年,38 家公司低空经济相关业务营业收入总计为 415.397 亿元人民币,比 2021 年增长 7% 左右。

22. 交通运输部征集第二批智能交通先导应用试点

2023 年 9 月 25 日,交通运输部办公厅印发《关于征集第二批智能交通先导应用试点项目(自动驾驶和智能建造方向)的通知》(交办科技函〔2023〕1378 号),提出在总结第一批智能交通先导应用试点项目阶段进展和成效的基础上,组织开展第二批智能交通先导应用试点(自动驾驶和智能建造方向)。在自动驾驶方向,支持公路货物运输、城市出行与物流服务、园区内运输、特定场景作业等领域进一步丰富试点场景、扩大试点规模,打造常态化运输服务和全流程自动化作业模式。

23. 全球首个载人无人航空器获得适航证并开始商业运营

2023年10月13日,中国民用航空局向亿航智能颁发了EH216-S型载人无人驾驶航空器系统型号合格证,这是全球首个获得该类合格证的航空器。对整个eVTOL行业而言,是极具借鉴意义的一次突破。2023年12月28日,首批完成适航认证的EH216-S无人驾驶载人航空器分别在广州、合肥两座城市完成了商业首飞演示,标志着EH216-S在当地景区将开展常态化空中商业飞行。

24. 四部门联合开展智能网联汽车准入和上路通行试点

2023年11月17日,工业和信息化部、公安部、住房和城乡建设部、交通运输部等四部门联合印发《关于开展智能网联汽车准入和上路通行试点工作的通知》(工信部联通装〔2023〕217号)。根据通知,在智能网联汽车道路测试与示范应用基础上,四部门将遴选具备量产条件的搭载自动驾驶功能的智能网联汽车产品,开展准入试点;对取得准入的智能网联汽车产品,在限定区域内开展上路通行试点,车辆用于运输经营的需满足交通运输主管部门运营资质和运营管理要求。

25. 民航局发布《国家空域基础分类方法》

2023年11月2日,《中华人民共和国空域管理条例(征求意见稿)》向社会公开征求意见。12月21日,中国民用航空局发布由国家空中交通管理委员会组织编制的《国家空域基础分类方法》。文件依据航空器飞行规则和性能要求、空域环境、空管服务内容等要素,将空域划分为A、B、C、D、E、G、W等7类,其中,A、B、C、D、E类为管制空域,G、W类为非管制空域。

26. 海南推出全国首张省域无人机适飞空域图

2023年11月27日,海南率先发布首张省域无人机适飞空域图。适飞空域图不仅有助于规范和引导无人驾驶航空器在海南地区的飞行活动,而且对于国内低空立体化空域规划具有示范性作用,为其他省份和地区提供了参考和借鉴的经验。

27. 中央经济工作会议召开,低空经济被列为战略性新兴产业

2023年12月11日至12日中央经济工作会议在北京举行。会议指出,要"以科技创新推动产业创新,特别是以颠覆性技术和前沿技术催生新产业、新模式、新动能,发展新质生产力",要"打造生物制造、商业航天、低空经济等若干战略性新兴产业,开辟量子、生命科学等未来产业新赛道"。

28. 深圳建设低空经济中心

2023年,深圳将"建设低空经济中心"首次写进深圳市政府工作报告,并将制定《深圳经济特区低空经济产业促进条例》,让低空经济有法可依。12月27日,深圳市七部门联合印发的《深圳市支持低空经济高质量发展的若干措施》。围绕引培低空经济链上企业、鼓励技术创新、扩大低空飞行应用场景、完善产业配套环境四个方面提出二十项具体支持措施。其中,针对当前低空经济产业发展的重点领域和关键环节,在链上企业培育、鼓励技术创新、拓展产业应用示范、加大基础设施供给等方面进行针对性资助。

29. 倾转旋翼渐成主流发展方向,多家企业实现群体性突破

2023年,多家企业倾转旋翼构型机型有了标志性进展。10月26日,上海时的科技有限公司自主研发的E20 eVTOL完成首轮飞行测试,标志着E20 eVTOL的设计、研发、制造、飞行的全面贯通。12月1日,中国民用航空局发布《关于就沃飞长空AE200-100型电动垂直起降航空器型号合格审定项目专用条件征求意见的通知》,表明该型eVTOL适航审定工作的审定基础已初步具备,向着获得型号合格证的方向稳健前行。12月29日,沃飞长空AE200适航技术验证机实现首飞。11月,零重力飞机工业(合肥)有限公司倾转旋翼 ZG-T6 缩比机完成公开试飞。11 月 1 日,陕西化羽先翔智能科技有限公司宣布其研发的"鸿鹄"eVTOL 缩比技术验证机在西安航天通用机场试飞成功。12 月 25 日,小鹏汇天宣布其倾转翼技术验证机完成垂起、悬停试飞。

30. 苏州市发布《苏州市低空经济高质量发展实施方案(2024—2026 年)》

2024 年 2 月 6 日,苏州市低空经济发展推进大会正式发布了《苏州市低空经济高质量发展实施方案(2024—2026 年)》,明确了三年发展总目标是到 2026 年成为全国低空经济示范区,明确科技创新、产业布局、基础设施、低空应用、服务平台、飞行保障、安全管控等目标任务。

31. 民航局发布《民用微轻小型无人驾驶航空器运行识别最低性能要求(试行)》

2024 年 2 月,民航局在《民用微轻小型无人驾驶航空器系统运行识别概念(暂行)》基础上,制定了《民用微轻小型无人驾驶航空器运行识别最低性能要求(试行)》,旨在填补微轻小型无人驾驶航空器监视领域的空白,加强微轻小型无人驾驶航空器运行管理,明确微轻小型无人驾驶航空器运行识别功能性能要求,提升微型、轻型、小型无人驾驶航空器的可靠被监视能力。

32. 常州移动在两湖创新区建成低空经济示范区

2024 年 3 月,常州移动联合江苏移动、中国移动(成都)产业研究院、中兴通讯在西太湖完成 4.9GHz 频段 5G 低空专网建设,助力常州成为全国首批实现低空区域网络商用落地的地级市。高速稳定的网络有助于进一步突破传统无人机飞行控制距离限制,提升无人机高清采集回传、远程低时延控制等重要能力,为低空经济发展锻强引擎。

33. 四部门联合发布《通用航空装备创新应用实施方案(2024—2030年)》

2024年3月27日,工业和信息化部、科学技术部、财政部、中国民用航空局等四部门联合印发《通用航空装备创新应用实施方案(2024—2030年)》(工信部联重装〔2024〕52号),提出到2027年,我国通用航空装备供给能力、产业创新能力显著提升,现代化通用航空基础支撑体系基本建立,高效融合产业生态初步形成,通用航空公共服务装备体系基本完善,以无人化、电动化、智能化为技术特征的新型通用航空装备在城市空运、物流配送、应急救援等领域实现商业应用。

34. 上海市低空协同管理示范区揭牌成立

2024年3月29日,"上海市低空协同管理示范区"在上海湾区高新区华东无人机基地内揭牌,正式在金山率先启动上海市低空协同管理示范工作。发布了《上海市低空协同管理示范区工作方案》以及《上海市低空协同管理示范区发展规划》。金山区还与公安、海关、上海中侨职业技术大学以及御风未来、丰翼科技、峰飞等企业高校签署了合作协议,分别围绕应用服务、技术服务等领域展开深度合作,共同推动无人机产业的技术创新和应用拓展,为上海市低空经济的发展注入新的活力。

35. 美国国防部发布《2024年国防部商业航天一体化战略》

2024年4月2日,美国国防部发布《2024年国防部商业航天一体化战略》,将商业航天技术纳入美国国家安全太空架构。该战略旨在整合商业航天解决方案至国家安全太空架构,以协调美国太空发射、运载、机动等天基任务需求。根据战略内容,国防部确定了4个优先事项:一是确保商业航天解决方案能够在各种冲突中应用;二是在潜在战争前完成商业航天能力整合;三是设立商业航天解决方案整合的相关安全和支持条件;四是支持新型商业航天解决方案研发,以满足不断变化的联合作战需求。

36.苏州市召开低空经济发展推进大会

2024年4月18日,苏州市低空经济发展推进大会召开。苏州市低空飞行器中试验证中心、无人驾驶航空器(华东)标准验证中心、中国航空器拥有者及驾驶员协会低空经济产业分会揭牌成立。同时大会发布了《苏州市低空经济发展体系与愿景》《苏州市低空经济高质量发展实施方案(2024—2026年)》《苏州市支持低空经济高质量发展的若干措施(试行)》。围绕建设全国低空经济示范区,苏州将全力培育低空智造、低空服务两大产业集群,建设低空航空器试验检测平台、无人机适航服务平台和低空经济发展创新平台。

37.沈阳市发布《沈阳市低空经济高质量发展行动计划(2024—2026年)》

2024年4月,沈阳市发布了《沈阳市低空经济高质量发展行动计划(2024—2026年)》,明确依托现有产业基础,加快培育壮大低空经济产业集群,打造全国低空经济发展先行区、集聚区和示范区。到2026年,低空飞行基础保障体系基本完善,初步形成研发制造、低空飞行、综合服务融合发展产业生态。低空飞行器在城市空运、物流配送、应急救援和智慧城市管理等领域综合服务高效运行,打造10个以上低空经济应用示范场景。沈阳市培育低空经济相关企业突破100家,产业规模达到30亿元。

38.广州打造低空经济应用示范岛,启建飞行汽车基础设施

2024年4月18日,广州大学城低空经济应用示范岛发布活动在广州市番禺区举行。活动中,广州市番禺区人民政府与小鹏汇天签订《共同推动飞行汽车应用示范框架协议》,联合发布飞行汽车应用场景探索清单,同时,宣布启动飞行汽车基础设施建设,首批规划在大学城建设四个飞行汽车起降点,为下一步的通勤、旅游、应急等应用示范打基础,将广州大学城打造成全国首个低空经济应用示范岛。

附录2 2022—2024年发布的政策文件清单

2022—2024年发布的政策文件清单　　　　　附表2-1

序号	层次	发布机构	发布时间	政策文件名称	概要
1	国家	工业和信息化部、科学技术部、财政部、中国民用航空局	2024年3月	《通用航空装备创新应用实施方案（2024—2030年）》	到2027年，以无人化、电动化、智能化为技术特征的新型通用航空装备在城市空运、物流配送、应急救援等领域实现商业应用。到2030年，通用航空装备成为低空经济增长的强大推动力，形成万亿级市场规模
2	国家	中国民用航空局	2024年2月	《民用微轻小型无人驾驶航空器运行识别最低性能要求（试行）》	旨在填补微轻小型无人驾驶航空器监视领域的空白，加强微轻小型无人驾驶航空器运行管理，明确微轻小型无人驾驶航空器运行识别功能性能要求，提升微型、轻型、小型无人驾驶航空器的可靠被监视能力
3	国家	中国民用航空局	2024年2月	《新时代新征程谱写交通强国建设民航新篇章行动纲要》	提出到2035年，建成航空运输强国。建成国家航空运输服务体系，国内航线骨干网支撑有力、基础网普惠均衡。通用航空实现全产业链发展，多元化发展、多场景应用的巨大潜力得到有效释放
4	国家	工业和信息化部、国家发展改革委、财政部、生态环境部、中国人民银行、国务院国资委、市场监管总局	2024年2月	《关于加快推动制造业绿色化发展的指导意见》	明确推动新兴产业绿色低碳高起点发展。在航空航天领域，积极发展电动飞机等新能源航空器

续上表

序号	层次	发布机构	发布时间	政策文件名称	概要
5		应急管理部、工业和信息化部	2024年1月	《关于加快应急机器人发展的指导意见》	明确突破无人机、机器人等装备集群协同作业关键技术，以及人机协同作业技术；强化重点领域无人机等应急机器人研制等主要任务
6		中共中央、国务院	2022年12月	《扩大内需战略规划纲要(2022—2035年)》	明确加快培育低空等旅游业态，释放通用航空消费潜力；加快研发智能化产品，支持自动驾驶、无人配送等技术应用
7	国家	交通运输部	2023年12月	《自动驾驶汽车运输安全服务指南(试行)》	旨在引导自动驾驶技术发展，规范自动驾驶汽车在运输服务领域应用
8		中国民用航空局	2023年12月	《民用无人驾驶航空器运行安全管理规则》	明确了监管体制和适用范围，对操控员管理、登记管理、适航管理、空中交通管理以及经营和运行管理进行了规定
9		中国民用航空局	2022年12月	《民用无人驾驶航空器系统适航审定管理程序》	适用于限用类民用无人驾驶航空器系统的型号合格证、补充型号合格证，正常类、运输类和限用类民用无人驾驶航空器相应类别适航证的申请、受理、审查和颁发，以及对证件持有人的管理和监督
10		中国民用航空局	2023年12月	《国家空域基础分类方法》	提出了依据航空器飞行规则和性能要求、空域环境、空管服务内容等要素，将空域划分为A、B、C、D、E、G、W等7类，其中，A、B、C、D、E类为管制空域，G、W类为非管制空域

续上表

序号	层次	发布机构	发布时间	政策文件名称	概要
11	国家	中国民用航空局	2022年12月	《民用无人驾驶航空器系统适航审定分级分类和系统安全性分析指南》	给出了面向适航审定的民用无人驾驶航空器系统分级分类方法，以及开展系统安全性分析时局方可接受的符合性方法
12	国家	工业和信息化部	2023年12月	《民用无人驾驶航空器生产管理若干规定》	提出民用无人驾驶航空器生产者应当为其生产的民用无人驾驶航空器设置唯一产品识别码；唯一产品识别码应当包含民用无人驾驶航空器生产者名称代码、产品型号代码和序列号；生产民用无人驾驶航空器应当遵守无线电管理法律法规以及国家无线电管理有关规定等
13	国家	工业和信息化部	2023年12月	《民用无人驾驶航空器无线电管理暂行办法》	明确将民用无人驾驶航空器通信系统无线电发射设备型号核准、无线电频率使用、无线电台设置使用纳入无线电管理范畴，使管理政策与上位法有效衔接
14	国家	国家发展改革委、商务部、市场监管总局	2023年12月	《关于支持广州南沙放宽市场准入与加强监管体制改革的意见》	明确提出在南沙推动海陆空全空间无人体系准入标准实施和应用。探索空地一体化城市交通管理办法，打造高效包容的市场准入环境。研究建设区域无人体系管控调度系统，分类划设低空空域和航线，简化航线审批流程，率先在工业生产、物流配送、应急救援、城市管理以及海上搜救作业等领域开展无人设备产业化应用。推动电动垂直起降飞行器(eVTOL)和智能网联汽车紧密联结，构建与技术发展适配的安全标准及管理规则，实现无人体系产业协同发展和技术跨界

续上表

序号	层次	发布机构	发布时间	政策文件名称	概要
15	国家	国家发展改革委、商务部	2022年12月	《关于深圳建设中国特色社会主义先行示范区放宽市场准入若干特别措施的意见》	提出统一构建海陆空全空间无人系统准入标准和开放应用平台。深化粤港澳大湾区低空空域管理试点，加强粤港澳三地低空飞行管理协同，积极发展跨境直升机飞行、短途运输、公益服务、航空消费等多种类型通用航空服务。探索粤港澳三地空域管理和空管运行协同管理模式，进一步深化拓展深圳地区无人驾驶航空器飞行管理试点，试点开通深圳与珠海等地无人机、无人船跨域货运运输航线
16	国家	工业和信息化部、公安部、住房和城乡建设部及交通运输部	2023年11月	《关于开展智能网联汽车准入和上路通行试点工作的通知》	通过开展试点工作，引导智能网联汽车生产企业和使用主体加强能力建设，在保障安全的前提下，促进智能网联汽车产品的功能、性能提升和产业生态的迭代优化，推动智能网联汽车产业高质量发展。基于试点实证积累管理经验，支撑相关法律法规、技术标准制修订，加快健全完善智能网联汽车生产准入管理和道路交通安全管理体系
17		中国民用航空局	2022年8月	《民用无人驾驶航空发展路线图V1.0（征求意见稿）》	提出了通用基础要求，以及人员、民用无人驾驶航空器系统、空中交通管理、起降场、通信导航监视、环保、经营等方面的管理要求和技术要求

续上表

序号	层次	发布机构	发布时间	政策文件名称	概要
18	国家	中国民用航空局	2022年8月	《民用轻小型无人驾驶航空器物流配送试运行审定指南》	《指南》共7章28条，分为总则、试运行审定及监察、特定运行概念、特定运行风险缓控措施要求、对运营人的一般要求、无人驾驶航空器操控人员要求、无人驾驶航空器系统技术要求等
19	国家	工业和信息化部、国家标准化管理委员会	2023年7月	《国家车联网产业标准体系建设指南（智能网联汽车）（2023版）》	充分考虑了智能网联汽车技术深度融合和跨领域协同的发展特点，针对智能网联汽车通用规范、核心技术与关键产品应用，构建包括智能网联汽车基础、技术、产品、试验标准等在内的智能网联汽车标准体系，充分发挥标准对智能网联汽车产业关键技术、核心产品和功能应用的基础支撑和引领作用
20	国家	应急管理部	2022年6月	《关于印发"十四五"应急救援力量建设规划的通知》	提出加快构建大型固定翼灭火飞机、灭火直升机与无人机高低搭配、布局合理、功能互补的应急救援航空器体系
21	国家	国务院、中央军委	2023年5月	《无人驾驶航空器飞行管理暂行条例》	对无人驾驶航空器从设计生产到运行使用进行全链条管理，着力构建科学、规范、高效的无人驾驶航空器飞行及相关活动管理制度体系，为防范化解无人驾驶航空器安全风险、助推相关产业持续健康发展提供有力法治保障

续上表

序号	层次	发布机构	发布时间	政策文件名称	概要
22	国家	国务院办公厅	2022年5月	《"十四五"现代物流发展规划》	明确补齐农村物流、冷链物流、应急物流、航空物流等专业物流短板。鼓励智慧物流技术与模式创新，促进创新成果转化，拓展智慧物流商业化应用场景，促进自动化、无人化、智慧化物流技术装备应用。稳步发展网络货运、共享物流、无人配送、智慧航运等新业态
23		中国民用航空局	2022年3月	《城市场景物流电动多旋翼无人驾驶航空器（轻小型）系统技术要求》	对无人机的通用要求、设计特性、系统及设备、应急处置、警示标记标牌、用户手册等方面做出了明确要求
24		中国民用航空局	2022年3月	《物流电动多旋翼无人驾驶航空器（轻小型）系统技术要求》	行业标准正式发布，是国内首个针对城市内应用的物流无人机体系的技术行业标准
25		中国民用航空局	2022年3月	《民用微轻小型无人驾驶航空器系统运行识别概念（暂行）》	民用微轻小型无人驾驶航空器系统运行识别是以可靠识别飞行阶段的无人驾驶航空器、降低航空活动的碰撞风险为目的，面向运行场景、基于运行风险，针对民用微轻小型无人驾驶航空器系统提出的飞行活动管理要求
26		自然资源部	2023年3月	《智能汽车基础地图标准体系建设指南（2023版）》	提出到2025年，初步构建能够支撑汽车驾驶自动化应用的智能汽车基础地图标准体系。到2030年，形成较为完善的智能汽车基础地图标准体系

续上表

序号	层次	发布机构	发布时间	政策文件名称	概要
27		中国民用航空局	2022年1月	《航空5G机场场面宽带移动通信系统建设应用实施方案》	明确航空5G机场场面宽带移动通信系统(5G AeroMACS)的发展路径和重点工作,旨在加快新一代航空宽带通信技术行业应用,为智慧民航建设奠定重要设施基础
28	国家	交通运输部、科学技术部	2022年1月	《交通领域科技创新中长期发展规划纲要(2021—2035年)》	明确提升交通装备关键技术自主化水平,加快大型民用飞机、重型直升机、智能化通用航空器等研发,推动完善民用飞机产品谱系化;部署飞行汽车研发,突破飞行器与汽车融合、飞行与地面行驶自由切换等技术;发展智慧民航技术,突破有人/无人驾驶航空器融合运行、民航运行多要素透彻感知、宽带移动通信、空地泛在互联、智能融合应用等新一代智慧民航技术
29		中国民用航空局	2022年1月	《智慧民航建设路线图》	明确到2025年,开展有人无人融合运行试点;基本建立基于运行风险的无人驾驶航空管理体系,形成无人驾驶航空管理规章标准;实现北斗系统在通用航空通信导航监视领域的应用;建立通用航空、无人驾驶航空器服务试验区,探索基于数字平台的服务模式。到2030年,建成空域共享、数据互联、运行高效、管服一体的有人无人运行体系,逐步实现无人驾驶航空融入国家空域体系;通用航空、无人驾驶航空器服务产业逐步发展成熟。到2035年,探索无人驾驶载人航空器运行,基于算力全面提升融合运行能力;运输航空与通用航空、无人驾驶航空器实现协同运行

续上表

序号	层次	发布机构	发布时间	政策文件名称	概要
30	国家	国家发展改革委、商务部	2022年1月	《关于深圳建设中国特色社会主义先行示范区放宽市场准入若干特别措施的意见》	提出率先建设海陆空全空间无人系统管理平台，进一步深化拓展深圳地区无人驾驶航空器飞行管理试点，提升无人驾驶航空器飞行便利性和监管有效性，优化飞行活动申请审批流程缩短申请办理时限，试点开通深圳与珠海等地无人机、无人船跨域货运运输航线，放宽航空领域准入限制
31		国家发展改革委	2022年1月	《"十四五"现代流通体系建设规划》	明确完善城乡融合交通网络，加强中西部与东北地区特别是边疆地区偏远县城乡镇及特色农产品主产区通用机场建设和功能完善；推进智慧机场建设，在有条件的地区开展航空电子货运试点，研究部署服务区域流通的大型无人机起降点
32	北京	北京市科学技术委员会、中关村科技园区管理委员会	2024年3月	《关于促进中关村延庆园无人机产业创新发展行动方案（2024—2026年)》	明确构建形成以工业级无人机为主导、低空经济与低空安防并重的特色产业集群
33		北京市人民政府	2024年1月	《北京市政府工作报告》	明确2024年加快发展新质生产力的7项具体任务，促进新能源、新材料、商业航天、低空经济等战略性新兴产业发展，开辟量子、生命科学等未来产业新赛道
34		北京市人民政府办公厅	2023年9月	《北京市促进未来产业创新发展实施方案》	提出聚焦新能源飞行汽车载运工具及无人化驾驶技术，支持智能网联汽车、通用航空及无人驾驶航空器等产业技术融合

续上表

序号	层次	发布机构	发布时间	政策文件名称	概要
35	北京	北京市高级别自动驾驶示范区工作办公室	2023年5月	《北京市智能网联汽车政策先行区数据分类分级管理细则(试行)》	填补了国内自动驾驶示范区级数据安全管理的空白,明确了在北京市自动驾驶办公室统筹指导下,企业负数据安全主体责任,构建了示范区企业数据能力提升及共享机制
36		北京市规划和自然资源委员会	2023年3月	《北京市智能网联汽车高精度地图试点工作指导意见》	从基础地图试点范围、加强主动服务、强化安全监管、落实试点单位主体责任等方面,推动了智能网联汽车高精度地图应用
37	广东	深圳市龙华区工业和信息化局	2024年3月	《龙华区低空经济试验区2024年度建设方案》	提出建设即时配送起降平台,完善低空公共基础设施配套,完善低空空域智慧化服务体系打造低空创新实验平台,拓展无人机即时配送场景等重点任务
38		珠海市工业和信息息化局	2024年3月	《珠海市支持低空经济高质量发展的若干措施(征求意见稿)》	提出支持开设低空载人航线,拟对经审批在本地新开发并常态化运营(公开渠道售票)的eVTOL载人航线给予补贴
39		珠海市人民政府	2024年3月	《珠海市2024年国民经济和社会发展计划》	明确加快发展现代服务业。全力办好第十五届中国航展,借力中国国际航空航天博览会和亚洲通用航空展"双航展"优势,建设通用航空产业综合示范区,打造大湾区低空经济产业高地。推动开通珠海至深圳、陆地到海岛自动驾驶载人飞机航线和无人机物流直航

续上表

序号	层次	发布机构	发布时间	政策文件名称	概要
40	广东	广东省人民政府	2024年1月	《广东省政府工作报告》	发展低空经济，支持深圳、广州、珠海建设通用航空产业综合示范区，打造大湾区低空经济产业高地
41		深圳市前海深港现代服务业合作区管理局	2024年1月	《深圳市前海深港现代服务业合作区管理局关于支持人工智能高质量发展高水平应用的若干措施》	明确支持推进低空智能交通试点。探索开展低空空域管理试点，推动低空智联网建设。鼓励企业拓展电动垂直起降飞行器（eVTOL）应用场景，支持前海合作区企业经主管部门审批开设eVTOL商业航线
42		深圳市人民政府	2022年12月	《深圳市低空经济产业创新发展实施方案（2022—2025年）》	提出要建设低空经济中心，打造通用航空产业综合示范区、民用无人驾驶航空试验区，推广无人机末端配送业务，培育发展低空制造、低空飞行等新增长点
43		深圳市第七届人民代表大会常务委员会	2023年12月	《深圳经济特区低空经济产业促进条例》	该条例设九章，共六十一条，包括总则、基础设施、飞行服务、产业应用、产业支持、技术创新、安全管理、法律责任和附则。结合深圳低空经济产业发展的实际需求，作出一系列制度设计，为促进深圳市低空经济产业高质量发展提供法治保障
44		黄埔区发展改革局、广州开发区发展改革局	2023年10月	《广州开发区（黄埔区）促进低空经济高质量发展的若干措施》	提出要促进无人机、电动垂直起降航空器、飞行汽车等为代表的低空飞行器研制制造、运营管理和综合保障服务产业的集聚发展，完善低空飞行基础设施网络、低空飞行保障体系和运营服务体系，培育经济新动能

续上表

序号	层次	发布机构	发布时间	政策文件名称	概要
45	广东	深圳市规划和自然资源局	2022年7月	《深圳市物流配送站规划配建指引》	构建"物流枢纽＋物流转运中心＋物流配送站"现代物流场站体系，完善城市"15分钟生活圈"配套设施，深圳拟规划对超3万平方米建设项目用地等"标配"物流配送站，并引入无人配送车、无人机配送等"最后一公里"智能物流设施
46	上海	上海市临港新片区管理委员会	2023年11月	《中国（上海）自由贸易试验区临港新片区促进智能网联汽车发展若干政策》	该政策从技术创新与应用、应用场景拓展和营造创新环境生态三方面进行支撑，旨在促进临港新片区智能网联汽车产业集聚，形成技术引领和应用示范的创新发展格局
47	上海	上海市浦东新区科技和经济委员会	2023年7月	《浦东新区智能网联汽车产业高质量发展三年行动方案（2023—2025年）》	该方案提出开展智能网联汽车关键技术攻关，构建智能网联汽车产业新生态，推进智能网联汽车规模化应用落地，加快智能网联汽车基础设施建设。以此推进浦东新区智能网联汽车产业高质量发展
48	上海	上海市嘉定区人民政府	2023年4月	《嘉定区建设世界智能网联汽车创新高地行动方案（2023—2025年）》	该方案有助于推进自动驾驶全域全场景示范。推进规模化、全出行链、全域自动驾驶商业运营落地，构建城市级自动驾驶智慧出行生态。深化车路协同环境建设
49	上海	上海市浦东新区人民政府	2023年3月	《上海市浦东新区促进无驾驶人智能网联汽车创新应用规定实施细则》	该细则有助于规范无驾驶人智能网联汽车创新应用活动，推动浦东新区智能网联汽车产业高质量发展，保障道路交通安全

续上表

序号	层次	发布机构	发布时间	政策文件名称	概要
50	上海	上海市人民政府	2023年1月	《关于加快推进本市气象高质量发展的意见（2023—2035年）》	发展警务航空、通用航空、低空飞行气象服务加强自主可控的国产大飞机试飞保障能力，建立飞机制造、试飞及运营全链条的气象服务体系
51		上海市人大常委会	2022年9月	《上海市促进人工智能产业发展条例》	提出鼓励无人机产业发展的战略目标。鼓励无人机产业发展，支持建设民用无人驾驶航空试验基地（试验区）、无人机起降点及通用机场、无人机运行管理服务平台，支持拓展无人机应用场景
52	安徽	安徽省发展改革委	2024年4月	《安徽省加快培育发展低空经济实施方案（2024—2027年）及若干措施》	到2027年，低空经济规模和创新能力达到全国领先水平，打造合肥、芜湖两个低空经济核心城市，建设20个左右通用机场和500个左右临时起降场地、起降点，全省低空智联基础设施网基本完备
53		安徽省人民政府、自然资源部	2024年4月	《安徽省国土空间规划（2021—2035年）》	支持通用机场建设，助推通航产业发展。积极部署北斗导航服务平台、卫星导航定位基准站等空间信息基础设施，建设实景三维安徽，基本形成"陆、空、天"一体化的信息基础设施体系
54		安徽省人民政府	2024年1月	《安徽省政府工作报告》	抢占空天信息产业制高点，支持北斗规模化应用和商业卫星研发制造，吸引更多商业航天公司落户。加快合肥、芜湖低空经济产业高地建设，拓展低空产品和服务应用场景

续上表

序号	层次	发布机构	发布时间	政策文件名称	概要
55	安徽	合肥市发展和改革委员会	2024年1月	《合肥市低空经济发展行动计划（2023—2025年)》	提出在2024年基本建成骆岗低空融合飞行试验片区
56		芜湖市人民政府	2023年11月	《芜湖市低空经济高质量发展行动方案（2023—2025年)》	提出到2025年，芜湖低空经济相关企业数量力争突破300家，低空产业产值预计达500亿元，在航空整机、航材、主控芯片等方面实现关键核心技术突破
57		安徽省人民政府	2022年2月	《安徽省人民政府关于2022年重点工作及责任分解的通知》	深化低空空域管理改革，发展壮大通航产业
58	湖南	湖南省体育局	2024年1月	《湖南省户外运动产业发展规划（2023—2025年)》	明确提升现有航空飞行营地的设施质量和接待水平，新建一批业态多元、互补性强的航空飞行营地，成为全省户外运动产业发展新标杆。打造航空运动产业集聚区，形成航空运动网
59		湖南省人民政府办公厅	2022年12月	《湖南省无人驾驶航空器公共安全管理暂行办法》	构建"政府统筹、公安牵头、行业配合、社会参与"的管理机制，共同推进全省无人驾驶航空器公共安全管理
60		湖南省发展和改革委员会	2022年9月	《湖南省低空飞行服务保障体系》	以覆盖全省域低空空域为目标，加快推进飞行服务站及其低空监视、通信、气象设施布局建设，积极拓展个性化飞行服务
61		湖南省人民政府	2022年5月	《湖南省低空空域划设方案》	建立空域灵活转换机制，实现湖南省全域1000米以下空域划设无缝衔接，大幅拓展了低空可飞空域范围，总规划面积达到24.1万平方公里

续上表

序号	层次	发布机构	发布时间	政策文件名称	概要
62	湖南	湖南省人民政府、南部战区空军参谋部、民航中南地区管理局、民航中南地区空管局	2022年3月	《湖南省低空空域协同运行办法》	出台低空空域划设及协同运行办法,《湖南省低空空域划设方案》,湖南省低空空域分类划设管制、监视、报告三类空域,《湖南省低空空域协同运行办法》对低空空域的分类划设和使用、空管运行的协同机制进行了规范
63	湖南	湖南省人大常委会	2022年3月	《湖南省通用航空条例(草案)》	引领和推动湖南全域低空空域管理改革、有效利用低空空域资源、加强通用航空安全监管
64		湖南省发展和改革委员会	2022年1月	《湖南省通用机场布局规划(2021—2035年)》	提出打造通用航空"干、支、通"无障碍串飞为目标,加快完善运输机场的通用航空功能,全面建成"1+13"中心通用机场,建设"1+13+N"通用机场网
65	江苏	江苏省发展和改革委员会	2024年4月	《关于加快培育发展未来产业的实施意见》	围绕人工智能、量子科技、低空经济等构建"5+x"未来产业发展体系。其中明确,依托宜兴丁蜀通用航空产业园、梁溪科技城等低空经济产业载体,推进低空航空器相关的电池系统、飞行控制系统、动力系统、航空级碳纤维机体等核心领域技术攻关,加快无人机小型起降点智能起降柜机、中型起降场、大型起降枢纽、电动垂直起降飞行器(eVTOL)起降场、直升机起降平台等低空经济相关基础设施建设

续上表

序号	层次	发布机构	发布时间	政策文件名称	概要
66	江苏	苏州市人民政府	2024年2月	《苏州市低空经济高质量发展实施方案（2024—2026年)》	明确了三年发展总目标是到2026年成为全国低空经济示范区,提出了科技创新、产业布局、基础设施、低空应用、服务平台、飞行保障、安全管控等目标任务
67		苏州市人民政府	2024年1月	《江苏省政府工作报告》	提出大力发展生物制造、智能电网、新能源、低空经济等新兴产业
68		南京市人民政府	2023年10月	《南京市民用无人驾驶航空试验区核心区无人机产业高质量发展实施方案(2023—2025)》	南京市低空服务管理平台正式上线运行,并力争到2025年,相关产业产值规模超过15亿元,开发50个创新场景和50条市内无人机航线,并开展商业化试运行
69		江苏省人大常委会	2023年7月	《江苏省道路交通安全条例》	对智能网联汽车测试和上路等事项做出规范,将有条件自动驾驶汽车、高度自动驾驶汽车和完全自动驾驶汽车进行了分类管理,对应急措施、数据管理、责任承担等关键问题进行了明确
70	浙江	浙江省人民政府办公厅	2024年1月	《浙江省人民政府办公厅关于加快人工智能产业发展的指导意见》	深化智能网联、北斗导航、低空卫星通信等基础设施建设,发展自动驾驶汽车、无人机、无人船等智能交通装备
71		杭州市规划和自然资源局	2023年10月	《杭州市智能网联汽车高精度地图管理规定》	包含12条规定,明确了高精度地图的管理,高精度地图的使用规范,有助于促进智能网联汽车发展,维护地理信息安全

续上表

序号	层次	发布机构	发布时间	政策文件名称	概要
72	江西	共青城市推进低空经济发展工作领导小组办公室	2024年3月	《共青城市低空经济产业三年行动计划（2024—2026年）》	提出构建低空经济全产业链条"4420"工作体系，围绕打造4大功能区，实施"产业集群、科技引领、配套提升、应用拓展"4大行动，推进20项重点任务。力争到2026年，建成低空经济综合示范区、低空经济产业聚集区、低空场景应用先行区、低空融合飞行样板区
73		江西省人民政府	2024年1月	《江西省政府工作报告》	实施未来产业培育发展三年行动计划，努力在元宇宙、人工智能、新型显示、新型储能、低空经济等领域抢占先机
74		江西省文化和旅游厅	2022年9月	《省文化和旅游厅关于省政协十二届五次会议第0582号提案会办意见的函》	加大江西省低空旅游的宣传推广力度，鼓励和支持条件成熟的景区开展低空旅游，推进江西省低空经济发展
75	重庆	重庆市人民政府	2023年3月	《重庆市人民政府 四川省人民政府关于印发推动川渝万达开地区统筹发展总体方案的通知》	推动区域低空空域管理改革，充分发挥通用航空在应急救援、防灾减灾、生态文旅等方面的作用
76		重庆市经济和信息化委员会	2024年3月	《关于组织开展重庆市低空经济产业试点区县征集的通知》	旨在引导低空制造产业集聚发展、扩大低空飞行产业应用规模、提升低空保障产业服务质量，探索低空经济产业创新模式，以产促用、以用带产，形成可推广复制的试点经验

续上表

序号	层次	发布机构	发布时间	政策文件名称	概要
77	重庆	重庆市人民政府	2024年1月	《重庆市政府工作报告》	实施未来产业和高成长产业发展行动,深化北斗规模应用及配套产业发展,开辟低空经济、生物制造等新赛道
78		重庆市人民政府	2023年12月	《重庆市民用无人驾驶航空器公共安全管理办法》	该办法共有24条,自2024年2月1日起施行。办法的实施有效加强和规范了民用无人驾驶航空器飞行及有关活动的安全监管
79	四川	四川省人民政府	2024年1月	《四川省政府工作报告》	以科技创新引领现代化产业体系建设,加快形成新质生产力。加快发展低空经济,支持有人机无人机、军用民用、国企民企一起上
80		成都市文产办、市科技局、市科协	2024年1月	《成都市科幻产业发展规划(2023—2027年)》	提出加快布局飞行汽车研发与制造,突破飞行与地面行驶自由切换等核心技术,推动电动垂直起降飞行器产品研发与产业化应用,加速融入综合立体交通网络。支持新一代无人机研发,加强民用无人驾驶航空试验基地建设,探索人工智能自主无人机等产品研发与普系化发展
81	河南	河南省人民政府办公厅	2024年1月	《河南省加快实施物流拉动打造枢纽经济优势三年行动计划(2023—2025年)》	明确培育壮大空港偏好型产业,聚力发展电子信息、智能装备、航空制造维修等先进制造业,全力打造航空物流、跨境电商等百亿级产业集群;支持各地在支线机场周边建设空港经济区,因地制宜培育特色产业;支持以通用机场为依托,规划建设通用航空产业园、无人机产业园等,集聚发展无人机制造、航空运动低空旅游等产业

续上表

序号	层次	发布机构	发布时间	政策文件名称	概要
82	河南	河南省人民政府	2022年1月	《河南省"十四五"航空经济发展规划》	提出按照功能优先、集约节约原则，推进通用机场选址布局，夯实基础设施保障能力，拓展优化通用航空低空航线网络，提升通用机场运营管理水平，促进通用机场优势互补、协同发展
83	山东	山东省人民政府办公厅	2024年2月	《山东省航空航天产业发展规划》	加快发展低空经济，强化通用航空产业内部资源融合发展，打造济南低空产业示范基地。实施低空经济培育行动，拓展无人机应用场景，丰富低空经济新业态、新模式
84	山东	山东省人民政府	2024年1月	《山东省政府工作报告》	围绕新一代信息技术、高端装备、新能源新材料、现代医药、商业航天、低空经济等领域，新培育10个左右省级新兴产业集群
85	山东	山东省工业和信息化厅	2024年1月	《山东省无人机产业高质量发展实施方案》	提出紧抓国家促进通用航空产业、低空经济发展的重大机遇，充分发挥资源要素优势、产业先导优势、场景应用优势，坚持以企业为主体，以市场为导向，对标先进，强化产业技术创新和企业培育，推动山东省无人机产业体系化、规模化、特色化发展
86	辽宁	沈阳市人民政府	2024年4月	《沈阳市低空经济高质量发展行动计划（2024—2026年）》	明确依托现有产业基础，加快培育壮大低空经济产业集群，打造全国低空经济发展先行区、集聚区和示范区

续上表

序号	层次	发布机构	发布时间	政策文件名称	概要
87	辽宁	法库县人民政府	2024年1月	《沈阳法库通用航空产业基地三年发展计划(2024—2026年)》	法库通航基地加快发展步伐,启动建设夜航灯光、导航台项目,划设无人机专属空域,建设无人机专用起降场
88	天津	宁河区政府办公室	2024年2月	《天津市宁河区人民政府与中国民航大学低空经济发展战略合作协议》	宁河区计划通过三年时间,在产业园区内打造1个特色低空主题产业园,引培2家以上专业平台载体,实现宁河特色"农文旅"、七里海生态保护、智慧农业、快递物流等多场景全覆盖
89	山西	山西省人民政府	2024年1月	《山西省政府工作报告》	积极发展低空经济,建设通航机场,组建发展通航机队,拓展应用场景,推动通航全产业链发展,加快通航示范省建设
90	福建	福建省人民政府	2024年1月	《关于支持宁德市开发三都澳建设新能源新材料产业核心区的意见》	明确支持深度布局产业链,加快电动汽车、电动航空、风光储充用一体化等技术研发项目建设;支持宁德市争取低空空域开放试点,探索电动航空应用新模式

附录3 "路空一体"标准规范清单

"路空一体"相关国际标准清单 附表3-1

序号	标准名称 英文名称	标准名称 中文名称	标准编号	发布机构
1	Noise measurements for UAS (unmanned aircraft systems)	《无人机系统的噪声测量》	ISO 5305:2024	ISO/TC 20/SC 16
2	Civil small and light unmanned aircraft systems (UAS) under low-pressure conditions—Test methods	《低压条件下民用小型和轻型无人驾驶飞机系统 试验方法》	ISO 5332:2023	
3	Flight control system for civil small and light multicopter unmanned aircraft system (UAS)—General requirements	《民用小型和轻型多翼无人机系统飞行控制系统 通用要求》	ISO 24355:2023	
4	Flight performance of civil small and light fixed-wing unmanned aircraft systems (UAS)—Test methods	《民用小型和轻型固定翼无人机系统飞行性能 试验方法》	ISO 5286:2023	
5	Civil small and light unmanned aircraft (UA)—Sharp injury to human body by rotor blades—Evaluation and test method	《民用小型和轻型无人驾驶飞机旋翼桨叶对人体的尖锐伤害 评定和试验方法》	ISO 5312:2023	
6	Test method for flight stability of a multi-copter unmanned aircraft system (UAS) under wind and rain conditions	《风雨条件下多旋翼无人驾驶飞机系统飞行稳定性的试验方法》	ISO 5110:2023	
7	Evaluation method for the resonance frequency of the multi-copter UA (unmanned aircraft) by measurement of rotor and body frequencies	《通过测量旋翼和机身频率评估多旋翼UA（无人飞行器）共振频率的方法》	ISO 5109:2023	
8	Technical requirements for small unmanned aircraft electric energy systems	《小型无人驾驶飞机电能系统技术要求》	ISO 24352:2023	

续上表

序号	标准名称		标准编号	发布机构
	英文名称	中文名称		
9	Unmanned aircraft systems—Training for personnel involved in UAS operations	《无人机系统 无人机操作人员的培训》	ISO 23665:2023	ISO/TC 20/SC 16
10	Test methods for civil multi-copter unmanned aircraft system	《民用多旋翼无人机系统试验方法》	ISO 4358:2023	
11	Civil small and light unmanned aircraft systems (UAS)—Vibration test methods	《民用小型和轻型无人驾驶飞机系统 振动试验方法》	ISO 5309:2023	
12	General requirements for the payload interface of civil unmanned aircraft systems	《民用无人飞行器系统有效载荷接口通用要求》	ISO 24354:2023	
13	Unmanned aircraft systems—Part 3: Operational procedures	《无人机系统 第3部分:操作程序》	ISO 21384-3:2023	
14	General requirements for tethered unmanned aircraft systems	《系留无人机系统通用要求》	ISO 24356:2022	
15	Unmanned aircraft systems—Part 2: Operation of vertiports for vertical take-off and landing (VTOL) unmanned aircraft (UA)	《无人驾驶飞机系统 第2部分:垂直起降(VTOL)无人驾驶飞机(UA)的垂直起降操作》	ISO 5015-2:2022	
16	Unmanned aircraft systems—Part 2: UAS components	《无人机系统 第2部分:无人机部件》	ISO 21384-2:2021	
17	Categorization and classification of civil unmanned aircraft systems	《民用无人驾驶航空器分级分类要求》	ISO 21895:2020	

续上表

序号	标准名称 英文名称	标准名称 中文名称	标准编号	发布机构
18	Telecommunications and information exchange between systems—Unmanned aircraft area network (UAAN)—Part 1: Communication model and requirements	《系统之间的电信和信息交换 无人机局域网（UAAN）第1部分：通信模型和要求》	ISO/IEC 4005-1:2023	ISO/IEC JTC 1/SC 6
19	Telecommunications and information exchange between systems—Unmanned aircraft area network (UAAN)—Part 2: Physical and data link protocols for shared communication	《系统之间的电信和信息交换 无人机局域网（UAAN）第2部分：共享通信的物理和数据链路协议》	ISO/IEC 4005-2:2023	ISO/IEC JTC 1/SC 6
20	Telecommunications and information exchange between systems—Unmanned aircraft area network (UAAN)—Part 3: Physical and data link protocols for control communication	《系统之间的电信和信息交换 无人机局域网（UAAN）第3部分：控制通信的物理和数据链路协议》	ISO/IEC 4005-3:2023	ISO/IEC JTC 1/SC 6
21	Telecommunications and information exchange between systems—Unmanned aircraft area network (UAAN)—Part 4: Physical and data link protocols for video communication	《系统之间的电信和信息交换 无人机局域网（UAAN）第4部分：视频通信的物理和数据链路协议》	ISO/IEC 4005-4:2023	ISO/IEC JTC 1/SC 6
22	Agricultural and forestry machinery—Unmanned aerial spraying systems—Part 1: Environmental requirements	《农林机械无人驾驶空中喷洒系统 第1部分：环境要求》	ISO 23117-1:2023	ISO/TC 23/SC 6
23	Fuel cell technologies—Part 4-202: Fuel cell power systems for propulsion and auxiliary power units—Unmanned aircrafts—Performance test methods	《燃料电池技术 第4-202部分：用燃料电池动力系统推进和辅助动力装置 无人机 性能试验方法》	IEC 62282-4-202:2023	IEC

续上表

序号	标准名称 英文名称	标准名称 中文名称	标准编号	发布机构
24	Intelligent transport systems—Low-speed automated driving system（CSADS）service—Part 1: Role and functional model	《智能交通系统 低速自动驾驶系统（LSADS）服务 第1部分:角色和功能模型》	ISO/TS 5255-1:2022	ISO/TC204
25	Taxonomy and definitions for terms related to driving automation systems for on-road motor vehicles	《道路机动车辆驾驶自动化系统相关术语的分类和定义》	ISO/SAE PAS 22736:2021	
26	Intelligent transport systems—Vehicle-to-vehicle intersection collision warning systems（VVCW）—Performance requirements and test procedures	《智能交通系统 车对车交叉口碰撞预警系统（VVICW）性能要求和测试程序》	ISO 23376:2021	
27	Intelligent transport systems—Geographic Data Files（GDF）GDF 5.1—Part 2: Map data used in automated driving systems, Cooperative ITS, and multi-modal transport	《智能交通系统 地理数据文件（GDF）GDF5.1 第2部分:自动驾驶系统、协作式ITS和多式联运中使用的地图数据》	ISO 20524-2:2020	
28	Intelligent transport systems Partially automated lane change systems（PALS）—Functional/operational requirements and test procedures	《智能交通系统 部分自动变道系统（PALS）功能/操作要求和测试程序》	ISO 21202:2020	
29	Intelligent transport systems—Spatiotemporal data dictionary for cooperative ITS and automated driving systems 2.0	《智能交通系统 协同ITS和自动驾驶系统的时空数据字典2.0》	ISO/TR 21718:2019	
30	Intelligent transport systems Adaptive cruise control systems—Performance requirements and test procedures	《智能交通系统 自适应巡航控制系统 性能要求和测试程序》	ISO 15622:2018	

续上表

序号	标准名称 英文名称	标准名称 中文名称	标准编号	发布机构
31	Smart community infrastructures—Smart transportation by autonomous vehicles on public roads	《智能社区基础设施 公共道路上自动驾驶汽车的智能交通》	ISO 37181：2022	ISO/TC268/SC2
32	Road vehicles—Test scenarios for automated driving systems-Scenario based safety evaluation framework	《道路车辆 自动驾驶系统测试场景 基于场景的安全评估框架》	ISO 34502：2022	ISO/TC22/SC 31
33	Road vehicles—Test scenarios for automated driving systems—Vocabulary	《道路车辆 自动驾驶系统的测试场景 词汇》	ISO 34501：2022	
34	Road vehicles—Safety and cybersecurity for automated driving systems—Design, verification and validation	《道路车辆 自动驾驶系统的安全和网络 安全设计、验证和确认》	ISO/TR 4804：2020	
35	Architecture of vehicular multimedia systems	《车载多媒体系统架构》	ITU-T H.551（01/2022）	ITU
36	Use cases and requirements for multimedia communication enabled vehicle systems using artificial intelligence	《多媒体通信的用例和需求以使车辆系统能够使用人工智能》	ITU-T F.749.4（06/2021）	
37	Security guidelines for vehicle-to-everything (V2X) communication	《V2X 通信安全指南》	ITU-T X.1372（03/2020）	
38	Architectural framework for transportation safety services	《交通安全服务架构》	ITU-T Y.4457（06/2018）	

续上表

序号	标准名称 英文名称	标准名称 中文名称	标准编号	发布机构
39	V2X Sensor-Sharing for Cooperativeand Automated Driving	《用于协作式自动驾驶的 V2X 感知共享》	J3224-202208	SAE
40	Taxonomy and Definitions for Terms Related to Driving Automation Systems for On-Road Motor Vehicles	《道路机动车辆驾驶自动化系统分级和相关术语定义》	J3016-202104	SAE
41	Automated Driving System Data Logger	《自动驾驶系统数据记录器》	J3197-202107	SAE
42	Taxonomy and Definitions for Terms Related to Cooperative Driving Automation for On-Road Motor Vehicles	《道路机动车辆协同驾驶自动化分级和相关术语定义》	J3216-202107	SAE
43	Safety-Relevant Guidance for On-Road Testing of Prototype Automated Driving System (ADS)-Operated Vehicles	《原型自动驾驶系统（ADS）车辆的道路测试安全相关指南》	J3018-202012	SAE

"路空一体"相关国家标准清单　　　　附表 3-2

序号	标准名称	标准编号	归口单位
1	《民用无人机地理围栏数据技术规范》	GB/T 43370—2023	全国航空器标准化技术委员会
2	《民用大中型无人机光电任务载荷设备接口要求》	GB/T 43369—2023	
3	《民用大中型无人直升机飞行控制系统通用要求》	GB/T 42862—2023	
4	《民用大中型无人直升机系统飞行性能飞行试验要求》	GB/T 42856—2023	
5	《民用大中型无人直升机系统通用要求》	GB/T 43367—2023	
6	《民用轻小型无人机系统环境试验方法 第11部分:霉菌试验》	GB/T 38924.11—2023	
7	《民用轻小型无人机系统环境试验方法 第1部分:总则》	GB/T 38924.1—2020	
8	《民用轻小型无人机系统环境试验方法 第2部分:低温试验》	GB/T 38924.2—2020	
9	《民用轻小型无人机系统环境试验方法 第3部分:高温试验》	GB/T 38924.3—2020	
10	《民用轻小型无人机系统环境试验方法 第4部分:温度和高度试验》	GB/T 38924.4—2020	
11	《民用轻小型无人机系统环境试验方法 第5部分:冲击试验》	GB/T 38924.5—2020	
12	《民用轻小型无人机系统环境试验方法 第6部分:振动试验》	GB/T 38924.6—2020	
13	《民用轻小型无人机系统环境试验方法 第7部分:湿热试验》	GB/T 38924.7—2020	
14	《民用轻小型无人机系统环境试验方法 第8部分:盐雾试验》	GB/T 38924.8—2020	

续上表

序号	标准名称	标准编号	归口单位
15	《民用轻小型无人机系统环境试验方法 第9部分:防水性试验》	GB/T 38924.9—2020	
16	《民用轻小型无人机系统环境试验方法 第10部分:砂尘试验》	GB/T 38924.10—2020	
17	《轻小型多旋翼无人机飞行控制与导航系统通用要求》	GB/T 38997—2020	
18	《民用轻小型固定翼无人机飞行控制系统通用要求》	GB/T 38996—2020	
19	《民用轻小型无人机系统安全性通用要求》	GB/T 38931—2020	
20	《民用轻小型无人机系统抗风性要求及试验方法》	GB/T 38930—2020	全国航空器标准化技术委员会
21	《民用轻小型无人直升机飞行控制系统通用要求》	GB/T 38911—2020	
22	《民用轻小型无人机系统电磁兼容性要求与试验方法》	GB/T 38909—2020	
23	《民用无人机系统型号命名》	GB/T 38905—2020	
24	《无人驾驶航空器系统术语》	GB/T 38152—2019	
25	《民用多旋翼无人机系统试验方法》	GB/T 38058—2019	
26	《民用无人驾驶航空器系统分类及分级》	GB/T 35018—2018	
27	《道路车辆网联车辆方法论 第1部分:通用信息》	GB/T 41901.1—2022	
28	《道路车辆网联车辆方法论 第2部分:设计导则》	GB/T 41901.2—2022	
29	《智能网联汽车自动驾驶功能场地试验方法及要求》	GB/T 41798—2022	

续上表

序号	标准名称	标准编号	归口单位
30	《电动汽车充电系统信息安全技术要求及试验方法》	GB/T 41578—2022	全国航空器标准化技术委员会
31	《电动汽车远程服务与管理系统信息安全技术要求及试验方法》	GB/T 40855—2021	
32	《汽车驾驶自动化分级》	GB/T 40429—2021	
33	《道路车辆 先进驾驶辅助系统(ADAS)术语及定义》	GB/T 39263—2020	
34	《电动汽车远程服务与管理系统技术规范 第1部分:总则》	GB/T 32960.1—2016	
35	《电动汽车远程服务与管理系统技术规范 第2部分:车载终端》	GB/T 32960.2—2016	
36	《电动汽车远程服务与管理系统技术规范 第3部分:通信协议及数据格式》	GB/T 32960.3—2016	
37	《民用无人驾驶航空器系统安全要求》	GB 42590—2023	工业和信息化部
38	《民用无人驾驶航空器系统身份识别总体要求》	GB/T 43570—2023	工业和信息化部(电子)
39	《民用无人驾驶航空器系统身份识别三维空间位置标识编码》	GB/T 43551—2023	
40	《智能运输系统 智能驾驶电子道路图数据模型与表达 第1部分:封闭道路》	GB/T 42517.1—2023	全国智能运输系统标准化技术委员会
41	《智能运输系统 智能驾驶电子道路图数据模型与表达 第2部分:开放道路》	GB/T 42517.2—2023	

续上表

序号	标准名称	标准编号	归口单位
42	《无人机低空遥感监测的多传感器一致性检测技术规范》	GB/T 41450—2022	全国地理信息标准化技术委员会
43	《导航电子地图框架数据交换格式》	GB/T 35645—2017	
44	《导航电子地图增量更新基本要求》	GB/T 35646—2017	
45	《多旋翼无人机用无刷伺服电动机系统通用规范》	GB/T 39567—2020	全国微电机标准化技术委员会
46	《无人机用氢燃料电池发电系统》	GB/T 38954—2020	全国燃料电池及液流电池标准化技术委员会
47	《民用无人机唯一产品识别码》	GB/T 41300—2022	全国信息技术标准化技术委员会
48	《工业车辆 安全要求和验证 第4部分:无人驾驶工业车辆及其系统》	GB/T 10827.4—2023	全国工业车辆标准化技术委员会

"路空一体"相关行业标准清单　　　　　　　　　　附表 3-3

序号	标准名称	标准编号	归口单位
1	《网络空间安全仿真 无人机系统信息安全仿真平台接入技术要求》	YD/T 4597—2023	中国通信标准化协会
2	《基于系留无人机的应急通信空中基站技术要求》	YD/T 4491—2023	
3	《无人机管理（服务）平台安全防护要求》	YD/T 4324—2023	
4	《面向 LTE-V2X 的多接入边缘计算总体需求和业务架构》	YD/T 4358—2023	
5	《基于民用无人驾驶航空器的移动边缘计算技术要求》	YD/T 4356—2023	
6	《民用无人驾驶航空器公网通信服务管理平台总体技术要求》	YD/T 4314—2023	
7	《基于车路协同的高等级自动驾驶数据交互内容》	YD/T 3978—2021	
8	《车联网无线通信安全技术指南》	YD/T 3750—2020	
9	《车联网信息服务 数据安全技术要求》	YD/T 3751—2020	
10	《车联网信息服务平台安全防护技术要求》	YD/T 3752—2020	
11	《基于 LTE 的车联网无线通信技术 基站设备测试方法》	YD/T 3629—2020	
12	《基于 LTE 的车联网无线通信技术 核心网设备技术要求》	YD/T 3593—2019	
13	《基于 LTE 的车联网无线通信技术 空中接口技术要求》	YD/T 3340—2018	
14	《基于 LTE 的车联网无线通信技术 总体技术要求》	YD/T 3400—2018	

续上表

序号	标准名称	标准编号	归口单位
15	《民用轻小型无人机系统研制程序》	HB 8596—2021	工业和信息化部（发布）
16	《民用轻小型无人机系统安全性设计要求》	HB 8594—2021	
17	《民用轻小型多旋翼无人机系统飞行性能》	HB 8593—2021	
18	《民用轻小型无人机碰撞安全性试验方法：叶片割伤刺伤试验》	HB 8686—2021	
19	《民用轻小型无人机碰撞安全性试验方法：水平冲击试验》	HB 8685—2021	
20	《伞翼无人机通用规范》	HB 8592—2020	
21	《民用轻小型固定翼无人机系统通用要求》	HB 8591—2020	
22	《民用无人机系统产品结构编码》	HB 8580—2020	
23	《民用轻小型固定翼无人机系统试验方法》	HB 8579—2020	
24	《多旋翼无人机系统通用要求》	HB 8566—2019	
25	《民用无人驾驶航空器系统研制单位基本条件及评价方法》	HB 8539—2018	
26	《进口无人机检验方法 环境适应性检验》	SN/T 5591—2023	中华人民共和国海关总署
27	《进口无人机检验技术要求 第1部分：通用要求》	SN/T 5502.1—2023	
28	《无人机在水尺计重中的应用规程》	SN/T 5314—2021	
29	《无人机物流配送运行要求》	JT/T 1440—2022	全国综合交通运输标准化技术委员会
30	《邮政快递无人机监管信息交互规范》	JT/T 1439—2022	
31	《民用无人驾驶航空器系统分布式操作运行等级划分》	MH/T 2013—2022	中国民航科学技术研究院
32	《城市场景物流电动多旋翼无人驾驶航空器(轻小型)系统技术要求》	MH/T 6126—2022	

续上表

序号	标准名称	标准编号	归口单位
33	《城市场景轻小型无人驾驶航空器物流航线划设规范》	MH/T 4054—2022	中国民航科学技术研究院
34	《无人机云系统数据规范》	MH/T 2011—2019	
35	《无人驾驶航空器系统作业飞行技术规范》	MH/T 1069—2018	
36	《无人机云系统接口数据规范》	MH/T 2009—2017	
37	《无人机围栏》	MH/T 2008—2017	
38	《民用无人驾驶航空器系统物流运行通用要求 第1部分:海岛场景》	MH/T 2014-2023	中国民用航空局(发布)
39	《民用无人驾驶航空器实名登记数据交换接口规范》	MH/T 3030—2023	
40	《低空飞行服务系统技术规范 第1部分:架构与配置》	MH/T 4055.1—2022	
41	《低空飞行服务系统技术规范 第2部分:技术要求》	MH/T 4055.2—2022	
42	《低空飞行服务系统技术规范 第3部分:测试方法》	MH/T 4055.3—2022	
43	《民用无人机电子数据鉴定技术规范》	SF/T 0144—2023	司法部(发布)
44	《无人机航空摄影成果质量检查与验收》	CH/T 1054—2022	自然资源部(发布)
45	《入河(海)排污口排查整治无人机遥感航测技术规范》	HJ 1233—2021	生态环境部
46	《入河(海)排污口排查整治无人机遥感解译技术规范》	HJ 1234—2021	
47	《微型固定翼无人机机载气象探测系统技术要求》	QX/T 466—2018	全国气象仪器与观测方法标准化技术委员会
48	《多旋翼无人机机载气象探测系统技术要求》	QX/T 614—2021	中国气象局(发布)
49	《无人机快递投递服务规范》	YZ/T 0172—2020	全国邮政业标准化技术委员会
50	《基于车路协同的营运车辆前方交通障碍预警系统要求》	JT/T 1460—2023	全国智能运输系统标准化技术委员会
51	《警用无人机驾驶航空器系统 第1部分:通用技术要求》	GA/T 1411.1—2017	全国警用装备标准化技术委员会

"路空一体"相关地方标准清单　　　　附表 3-4

序号	标准名称	标准编号	发布机构
1	《自动驾驶地图特征定位数据技术规范》	DB11/T 1880—2021	北京市市场监督管理局
2	《自动驾驶地图数据规范》	DB11/T 2041—2022	
3	《自动驾驶车辆封闭试验场地技术要求》	DB11/T 2050—2022	
4	《自动驾驶开放测试道路环境分级规范》	DB31/T 1264—2020	上海市市场监督管理局
5	《植保无人驾驶航空器安全作业技术要求》	DB31/T 1417—2023	
6	《智能网联汽车自动驾驶数据记录系统技术要求》	DB4403/T 357—2023	深圳市市场监督管理局
7	《智能网联汽车自动驾驶系统设计运行条件》	DB4403/T 358—2023	
8	《智能网联汽车自动驾驶系统技术要求 第1部分:高速公路及快速路自动驾驶》	DB4403/T 359.1—2023	
9	《智能网联汽车 V2X 车载信息交互系统技术要求》	DB4403/T 364—2023	
10	《无人机应用服务通用规范》	DB43/T 2779—2023	湖南省市场监督管理局
11	《智能网联汽车自动驾驶功能测试规程 第1部分:公交车》	DB43/T 2292.1—2022	
12	《智能网联公交车路云一体化系统技术规范 第1部分:总体技术要求》	DB43/T 2538—2022	
13	《智能网联汽车云控平台运营服务规范》	DB43/T 2291—2022	
14	《地质灾害调查无人机低空摄影测量技术规程》	DB41/T 2429—2023	河南省市场监督管理局
15	《车路协同路侧设施设置指南》	DB32/T 4192—2022	江苏省市场监督管理局

续上表

序号	标准名称	标准编号	发布机构
16	《智能网联汽车道路基础地理数据规范》	DB33/T 2391—2021	浙江省市场监督管理局
17	《智能网联汽车道路测试远程监控系统技术规范》	DB50/T 1290—2022	重庆市市场监督管理局
18	《低空可操作飞行器反制规程》	DB34/T 3675—2020	安徽省市场监督管理局
19	《农用无人航空器水稻施肥技术规程》	DB42/T 2074—2023	湖北省市场监督管理局
20	《植保无人驾驶航空器施药防治马铃薯晚疫病技术规程》	DB5301/T 85—2023	昆明市市场监督管理局
21	《无人机消防救援应用指南》	DB23/T 3656—2023	黑龙江省市场监督管理局
22	《森林资源智能巡护技术规程 无人机》	DB63/T 2210—2023	青海省市场监督管理局
23	《森林草原防火无人机监测预警技术规程》	DB63/T 2069—2022	
24	《大气环境无人机立体监测技术规程》	DB13/T 5529—2022	河北省市场监督管理局
25	《水土保持无人机监测技术规程》	DB36/T 1589—2022	江西省市场监督管理局
26	《低空低量遥控无人施药机 第1部分：通用技术要求》	DB37/T 2876.1—2016	山东省质量技术监督局
27	《低空低量遥控无人施药机 第2部分：田间作业技术规范》	DB37/T 2876.2—2016	

"路空一体"相关团体标准清单　　　　　　附表 3-5

序号	标准名称	标准编号	发布机构
1	《民用无人驾驶航空器机载 ADS-B IN 设备通用要求》	T/AOPA 0058—2024	中国航空器拥有者及驾驶员协会
2	《电动多旋翼无人机机巢数据接口要求》	T/AOPA 0057—2024	
3	《轻小型末端物流无人机系统 建设与运行基本要求》	T/AOPA 0006—2023	
4	《轻小型末端物流无人机接驳系统技术规范》	T/AOPA 0005—2023	
5	《轻小型末端物流无人机航管系统技术规范》	T/AOPA 0004—2023	
6	《电动多旋翼无人机(轻小型)机巢通用要求》	T/AOPA 0003—2023	
7	《无人机安全操作能力评估系统技术规范》	T/CECS G:V50-02—2021	
8	《无人机安全操作能力评估系统技术规范》	T/AOPA 0017—2021	
9	《无人机搭载红外热像设备检测建筑外墙及屋面作业》	T/AOPA 0001—2020	
10	《民用无人机驾驶员合格评定规则》	T/AOPA 0006—2020	
11	《民用无人机驾驶员训练机构合格审定规则》	T/AOPA 0008—2020	
12	《基于低空无人机的高分卫星遥感产品真实性检验 第 1 部分:总则》	T/CARSA 1.1—2022	中国遥感应用协会
13	《基于低空无人机的高分卫星遥感产品真实性检验 第 2 部分:装备配置要求》	T/CARSA 1.2—2022	
14	《基于低空无人机的高分卫星遥感产品真实性检验 第 3 部分:光学遥感影像数据获取》	T/CARSA 1.3—2022	

续上表

序号	标准名称	标准编号	发布机构
15	《基于低空无人机的高分卫星遥感产品真实性检验 第4部分:激光雷达数据获取》	T/CARSA 1.4—2022	中国遥感应用协会
16	《基于低空无人机的高分卫星遥感产品真实性检验 第5部分:组网观测》	T/CARSA 1.5—2022	
17	《基于低空无人机的高分卫星遥感产品真实性检验 第6部分:多光谱、高光谱遥感影像数据与激光雷达数据预处理》	T/CARSA 1.6—2022	
18	《基于低空无人机的高分卫星遥感产品真实性检验 第7部分:像元尺度相对真值获取》	T/CARSA 1.7—2022	
19	《基于低空无人机的高分卫星遥感产品真实性检验 第8部分:质量控制》	T/CARSA 1.8—2022	
20	《无人机城市低空物流操作规程》	T/CSAA 21—2022	中国航空学会
21	《无人机L/U双频数据链路 性能试验方法》	T/CSAA 20—2022	
22	《无人机L/U双频数据链规范》	T/CSAA 19—2022	
23	《多旋翼无人机医疗物品运输技术要求》	T/CCTAS 65—2023	中国交通运输协会
24	《无人驾驶航空器系统指挥控制传输设备适航 第一部分:通用要求》	T/CATAGS 66—2023	
25	《架空输电线路大中型固定翼无人机防山火巡视技术规范》	T/CATAGS 60—2022	
26	《轻小型无人机技术标准(UTC)驾驶员培训考核体系基本要求》	T/CATAGS 6—2020	
27	《民用无人机应急救援应用专业 操控员合格证考评员管理办法》	T/CHALPA 0005—2023	中国民航飞行员协会

续上表

序号	标准名称	标准编号	发布机构
28	《民用无人机应急救援应用专业 操控员合格证考试点管理办法》	T/CHALPA 0004—2023	中国民航飞行员协会
29	《民用无人机应急救援应用专业 操控员训练机构评估指南》	T/CHALPA 0003—2023	
30	《民用无人机应急救援应用专业 操控员考核规范》	T/CHALPA 0002—2023	
31	《小小飞行员无人机及航空技术能力培养与水平评价导则》	T/CHALPA 0001—2023	
32	《民用机场无人驾驶航空器系统监测系统通用技术要求》	T/CCAATB 0001—2019	中国民用机场协会
33	《低速无人配送车运行安全要求》	T/ITS 0202—2021	中关村中交国通智能交通产业联盟
34	《自动驾驶公交车 第1部分:车辆运营技术要求》	T/ITS 0182.1—2021	
35	《自动驾驶公交车 第2部分:自动驾驶功能测试方法与要求》	T/TS 0182.2—2021	
36	《基于车路协同的自动驾驶实车在环测试系统通用要求》	T/TS 0175—2021	
37	《自动驾驶出租汽车测试运营规范与安全管理要求》	TATS 0154—2021	
38	《自动驾驶车辆决策安全保障系统测试规范》	T/ITS 0150—2021	
39	《自动驾驶车辆测试安全员专业技能要求》	T/ITS 0132—2020	
40	《自动驾驶车辆编队行驶能力测试内容及方法》	T/CMAX 21005—2023	中关村智通智能交通产业联盟
41	《自动驾驶车辆载人功能测试内容及方法》	T/CMAX 22001—2022	
42	《自动驾驶仿真测试场景集要求》	T/CMAX 21002—2020	
43	《基于北斗短报文通信的无人航空器监管数据传输要求》	T/ZSA 199—2023	中关村标准化协会
44	《无人驾驶营运车辆安全技术条件》	T/TS 0186—2021	中国智能交通产业联盟
45	《智能交通路侧激光雷达接口技术要求》	T/TS 0173—2021	

续上表

序号	标准名称	标准编号	发布机构
46	《基于ISO智能交通系统框架的5G上下行接口规范》	T/ITS 0165—2021	中国智能交通产业联盟
47	《基于车路协同的高等级自动驾驶数据交互内容》	T/TS 0135—2020	
48	《自动驾驶车辆测试安全员专业技能要求》	T/TS 0132—2020	
49	《V2X车载终端安全芯片处理性能测试方法》	T/TIAA 104—2022	车载信息服务产业应用联盟
50	《合作式智能运输系统车路协同云控系统C-V2X设备接入技术规范》	T/TIAA 103—2022	
51	《智能网联汽车V2X系统预警应用功能测试与评价方法》	T/TIAA 102—2022	
52	《智能网联汽车数据共享安全要求》	T/TIAA 101—2021	
53	《移动互联汽车数据共享与开放平台技术要求》	T/CCSA 352—2022	中国通信标准化协会
54	《基于LTE的车联网无线通信技术安全证书管理系统技术要求》	T/CCSA 307—2021	
55	《公路工程无人机倾斜摄影测量技术指南》	T/CHTS 10050—2022	中国公路学会
56	《营运车辆自动驾驶系统分级》	T/TS 0093—2018	中国智能交通产业联盟
57	《合作式智能运输系统 车路协同云控系统C-V2X设备接入技术规范》	T/CSAE 248—2022	中国汽车工程学会
58	《生产建设项目水土保持监测无人机应用技术导则》	T/CHES 113—2023	中国水利学会
59	《河湖监管无人机应用技术导则》	T/CHES 102—2023	
60	《中小学无人机教学实验室建设规范》	T/JYBZ 034—2024	中国教育装备行业协会
61	《中小学教学无人机技术规范(试行)》	T/JYBZ 033—2024	
62	《草地植物多样性无人机调查技术规范》	T/CSES 123—2023	中国环境科学学会
63	《民用无人机作业气象条件等级 植保》	T/CMSA 0021—2021	中国气象服务协会
64	《公路工程环(水)保验收无人机遥感调查技术规程》	T/CECS G:E51-01—2023	中国工程建设标准化协会
65	《自动驾驶汽车试验道路技术标准》	T/CECS G:V21-01—2020	

续上表

序号	标准名称	标准编号	发布机构
66	《农用无人机航线划设技术要求》	T/CASME 1381—2024	中国中小商业企业协会
67	《无人机巡逻救援操作规范》	T/QGCML 3313—2024	全国城市工业品贸易中心联合会
68	《民用中大型货运无人机用电机性能检测规范与试验方法》	T/SHUAJQ 0001—2023	上海市无人机产业协会
69	《无人机编队表演安全运营通用要求》	T/SHUAV 1—2021	上海市无人机安全管理协会
70	《天津市无人机从业应用保险标准》	T/TJUAV 0001.1—2022	天津市无人机应用协会
71	《民用无人机系统评测规范》	T/UAV 7—2021	福建省民用无人飞机协会
72	《民用无人机飞行训练、测试基地管理规范》	T/UAV 2—2021	
73	《民用无人机驾驶员技术等级规范》	T/UAV 3—2021	
74	《基于5G边缘计算的车联网架构规范》	T/JSHLW 007—2023	江苏省互联网协会
75	《基于区块链的车联网数据应用技术规范》	T/ISHLW 006—2023	
76	《自动驾驶小型客车总体技术要求》	T/SXSAE 003—2022	陕西省汽车工程学会
77	《小型无人机环境条件与试验程序》	T/GDEIIA 6—2020	广东省电子信息行业协会
78	《多旋翼无人机飞行控制系统半实物仿真测试方法》	T/SZUAVIA 003(1)—2023	深圳市无人机行业协会
79	《无人机数字孪生系统 通用要求》	T/SZUAVIA 001—2023	
80	《无人机功能危险分析指南》	T/SZUAVIA 002—2023	
81	《低慢小无人机探测反制系统通用要求》	T/SZUAVIA 001—2021	
82	《中小型无人机试飞验证基地安全管理规范》	T/CDUIA 0002—2024	成都市无人机产业协会
83	《中小型无人机试飞验证基地通用技术要求》	T/CDUIA 0001—2024	
84	《太原市无人机团体标准》	T/TYUAVA 1—2022	太原市无人机应用协会
85	《系留无人机电源》	T/WHAS 040—2022	武汉标准化协会

附录4 中英文术语对照表

中英文术语对照表　　　　　　　　　　附表 4-1

序号	英文简称	中文全称	英文全称
1	3D	三维	Three Dimension
2	3GPP	第三代合作伙伴计划	3rd Generation Partnership Project
3	4G	第四代移动通信技术	4th Generation Mobile Communication Technology
4	5G	第五代移动通信技术	5th Generation Mobile Communication Technology
5	6G	第六代移动通信技术	6th Generation Mobile Communication Technology
6	AAM	先进空中交通	Advanced Air Mobility
7	ACPP	区域全覆盖路径规划	Area Coverage Path Planning
8	ADS-B	广播式自动相关监视	Automatic Dependent Surveillance-Broadcast
9	AED	自动体外除颤器	Automated External Defibrillator
10	AI	人工智能	Artificial Intelligence
11	AIS	船舶自动识别系统	Automatic Identification System
12	AR	增强现实	Augmented Reality
13	BIM	建筑信息模型	Building Information Modeling
14	Boeing	波音公司	The Boeing Company
15	BVLOS	超视距	Beyond Visual Line of Sight
16	CASA	澳大利亚民航安全局	Civil Aviation Safety Authority
17	CCTV	闭路电视系统	Closed Circuit Television
18	C-V2X	基于蜂窝网络通信技术形成的车用无线通信技术	Cellular Vehicle-to-Everything
19	EASA	欧洲航空安全局	European Union Aviation Safety Agency
20	EUROCAE	欧洲民航设备组织	European Organization for Civil Aviation Equipment
21	eVTOL	电动垂直起降飞行器	electric Vertical Take-off and Landing
22	FAA	美国联邦航空管理局	Federal Aviation Administration
23	FBO	小型通航起降场	Fixed Base Operator
24	GIS	地理信息科学	Geographic Information Science
25	GMDSS	全球海上遇险和安全系统	Global Maritime Distress and Safety System
26	GNSS	全球导航卫星系统	Global Navigation Satellite System

续上表

序号	英文简称	中文全称	英文全称
27	GPS	全球定位系统	Global Positioning System
28	HD Maps	高精度地图	High Definition Maps
29	HWP	高速自动辅助驾驶	Highway Pilot
30	IBM	国际商业机器公司	International Business Machines Corporation
31	IDC	互联网数据中心	Internet Data Center
32	INS	惯性导航系统	Inertial Navigation System
33	IoT	物联网	Internet of Things
34	IT	互联网技术	Internet Technology
35	ITS	智能交通系统	Intelligent Transport System
36	ITU	国际电信联盟	International Telecommunication Union
37	JAA	联合航空局	Joint Aviation Authorities
38	LSAV	低速自动车辆	Low-Speed Automated Vehicles
39	MIMO	多输入多输出	Multiple Input Multiple Output
40	NAS	美国国家空域系统	National Airspace System
41	OBU	车载设备	On Board Unit
42	OSTP	美国白宫科技政策办公室	Office of Science and Technology Policy
43	PNT	定位、导航、授时体系	Positioning-Navigation-Timing
44	R-AIT	"路空一体"	Road-Air Integrated Transport
45	RPA	遥控驾驶航空器	Remotely Piloted Aircraft
46	RPAS	遥控驾驶航空器系统	Remotely Piloted Aircraft System
47	RSU	路侧设备	Road Side Unit
48	SSAS	船舶安全报警系统	Ship Security Alert System
49	TJP	拥堵自动辅助驾驶	Traffic Jam Pilot
50	V2V	车与车	Vehicle-to-Vehicle
51	V2I	车与路	Vehicle-to-Infrastructure
52	V2P	车与人	Vehicle-to-Pedestrian
53	V2N	车与平台	Vehicle-to-Network
54	UA	无人驾驶航空器	Unmanned Aircraft
55	UAM	城市空中交通	Urban Air Mobility
56	UAS	无人驾驶航空器系统	Unmanned Aerial Systems
57	UAV	无人驾驶航空器	Unmanned Aerial Vehicle

续上表

序号	英文简称	中文全称	英文全称
58	VLCC	超大型油轮	Very Large Crude Carrier
59	VLOC	超大型矿砂船	Very Large Ore Carrier
60	UPS	联邦包裹速递服务公司	United Parcel Service
61	USV	无人水面船	Unmanned Surface Vessel
62	VTOL	垂直起降	Vertical Take-Off and Landing
63	—	无人水面航行器(无人船)	Unman Surface Vehicle
64	—	多旋翼	Multirotor
65	—	旋翼	Rotor
66	—	固定翼	Fixed-wing
67	—	边缘计算	Edge Computing
68	—	无人驾驶汽车	Self-Driving Car
69	—	民用无人机	Civil Unmanned Aerial Vehicle